THE ULTIMATE
RISK MANAGEMENT

最強のリスク管理

中島 茂——著

Shigeru Nakajima

一般社団法人金融財政事情研究会

はしがき

本書は、実務担当者から役員まで、企業のリスク管理に関与されるすべての方に「手引書」として活用していただくことを願って作成したものである。

本書作成にあたって心がけたことは、徹底して実践的な本とすることである。リスク管理は理屈ではない。危機に直面した企業が実際に生き残ることができて初めて意味がある。企業が生き残れないのであれば、どれほど立派な理論も理想論も空疎である。

では、企業生き残りの実践ノウハウはどこにあるかといえば、それは様々な企業事件の実態のなかにしかない。平成2年3月18日、尼崎市のある大型店舗で火災が発生し、15名の犠牲者を出す大惨事となった。スプリンクラーが設置されていなかったことが指摘されたが、会社側は「法律上、スプリンクラーの設置が義務付けられる広さではなかった」としていた。しかし、危機管理担当者としては、こうした実例から「たとえ法律上義務付けられていなくても、リスクが予測されるなら、防火装置を設置したほうがよい」という実践的教訓を導き出すことが必要だ。その教訓を自社の火災対応に生かすことがリスク管理である。平成25年2月8日、長崎市のグループホームで火災が発生し4名の犠牲者が出たが、やはりスプリンクラーの設置はなかった。そのときも、法的に設置義務のある広さではなかったことが報じられている（読売新聞平25・2・9夕刊）。

こうした実例を知ると、実例から実践的教訓を絞り出し、企業運営で実践していくことがどれほど大切なことかがわかる。「リスク管理の真髄」は実例のなかにあり、リスク管理の作業は「リアリズム」そのものである。

さらに本書では、企業がリスク管理上歩むべき道として、「コンプライアンス」「CSR」の基本的な考え方についても丁寧に説明した。「欠陥隠ぺい」「データ改ざん」「ラベル偽造」「不正会計」などが発覚し、世間の糾弾を受けた企業がどのような運命をたどったか。そのことを思い起こせば明らかなように、現代は「社会正義」に反した企業は生き残れない時代である。ある経済学者が「グッドカンパニーでなければ生き残れない時代になりましたね……」と語っていたが、現代社会の核心を衝いた言葉といえる。コンプライアンスもCSRも企業生き残りのための実践的な羅針盤である。決して「理想論」や「机上の理屈」ではない。これは多くの企業事件の対応に参加してきた筆者の信念でもある。

本書では、実例を紹介するときは、説明する箇所ごとにあえて重ねて説明をした。読者に実務で使っていただくときに、いちいち参考頁を読んでいただく必要がないようにとの思いからである。

本書は「金融法務事情」に今井明子編集長（当時）のご厚意により「リスク管理実務マニュアル」として平成22年から平成24年にかけて連載したものに加筆修正をしたものである（全28回。金融法務事情1902〜1958号に掲載）。連載中に「東日本大震災」が起きた。筆者自身も大きな衝撃を受けた。が、多くの被災企業関係者が悲しみのなかから立ち上がり復興に向けて懸命の努力をする姿に深い感銘を受け、リスク管理上の最大の出来事として、その姿から得られる情報をメモに書きとどめ続けた。この貴重な教訓はぜひとも人々に伝えなければならないと思い、可能な限り本書でも論及した。現実の事象を直視することなくして実践的リスク管理はあり得ないからである。

本書作成に当たっては、金融財政事情研究会の平野正樹氏に終始励ましていただいた。同氏なくして本書は成立しなかった。心からのお礼を申し上げる。また、法令・判例の確認などは中島経営法律事務所澁谷展由弁護士の、資料の収集整理は同秘書斎藤ひろみ氏の助力を得た。

本書が、懸命に企業リスクを避けようとしている人々、企業危機に直面している人々の道しるべとして少しでもお役に立てるとしたら、それ以上の喜びはない。

平成25年6月

中島　茂

■ 著者略歴

中島　茂（なかじま　しげる）

弁護士・弁理士

東京大学法学部卒業。1979年、弁護士登録（第二東京弁護士会所属）。

1983年、中島経営法律事務所を設立。

1984年、弁理士登録。

1996年、経済団体連合会（当時）「経団連行動憲章」改定に関与。

1997年、警察庁「情報セキュリティビジョン策定委員会」委員。

2002年、日本経済団体連合会「行動憲章」改定に関与。

2003年、日本証券クリアリング機構監査役。

2006年、投資信託協会「規律委員会」委員。

2007年、日本経済団体連合会「企業行動憲章実行の手引き」改定に関与。

2007年、財務会計基準機構評議員会評議員。

主な著書に『役員がつまずくあぶない株取引』（商事法務研究会、2001年）、『社長！それは「法律」問題です』（共著、日本経済新聞出版社、2002年）、『ネットリスク対策なるほどQ＆A』（編著、中央経済社、2003年）、『株主総会の進め方〔第2版〕』（日本経済新聞出版社、2009年）、『これって、違法ですか？』（共著、日本経済新聞出版社、2003年）、『取締役の法律知識〔第2版〕』（日本経済新聞出版社、2005年）、『Q＆A「新会社法」であなたの仕事はこう変わる』（共著、日本経済新聞出版社、２００６年）、『その「記者会見」間違ってます！』（日本経済新聞出版社、２００７年）、『「不正」は急に止まれない！』（日本経済新聞出版社、２００８年）、『取締役物語』（中央経済社、２０１２年）ほか多数。

２００８年４月から２０１０年５月にかけて日本経済新聞に「リーガル映画館」を掲載。２０１２年８月から日本経済新聞電子版に「映画で学ぶ危機管理」を掲載中。

目　次

第1章　リスクを知る

第2章　リスクを避ける

第3章 被害を最小化する

図表等一覧

第1章

リスクを知る

第1節 「リスク管理」の定義とリスクマップ

リスク管理は、①リスクを知ること、②リスクを避ける工夫をすること、③非常事態が発生したときは被害を最小化すること、この三要素から成り立っている。

この「知る」「避ける」「最小化する」という三つの目的意識を明確に持ち、それぞれを実現するために何をしたらよいかを懸命に考え、実践すること、それが「リスク管理」だ。

1 リスク管理の業務内容を確認する

(1) 定義の必要性

リスク管理体制を構築するにあたって、第一に行うべきは「リスク管理」業務の内容を確認することである。リスク管理の「定義付け」といってもよい。これをすることで担当する部署や人の業務範囲が明確になる。また、業務を行う過程でも常に目的を意識し続けることで方針が揺るがないようになる。ビジネス界では部署や担当者の果たすべき使命のことを「ミッション」という言葉で表現することが多い。リスク管理の定義はそのまま、リスク管理担当部の「ミッション」と言い換えることができる。

(2) 判例による「リスク管理」の定義

「リスク管理」について最もよく整理された定義は、銀行員が11年間にわたって発覚することなく不正を行い、銀行に11億ドルもの損失を与えた「銀行海外支店事件」の判決のなかにある（大阪地判平12・9・20判例時報1721号3頁）。判決は、リスク管理体制とは「リスクの状況を正確に認識・評価し、これを制御するため、様々な仕組みを組み合わせて構築する体制」と述べている。この表現のなかに①リスクを認識すること、②リスクを避けるための「工夫」をすること（様々な仕組みの組合せ）という、リスク管理の二つの要素が示されている。

(3) 「管理」ではなく「工夫」

ここで「工夫」という言葉をあえて使った理由について説明しておきたい。「リスク管理」はリスクマネジメントの訳語であるが、「マネジメント」という言葉が「管理」と訳されているので誤解が生じやすくなっている。マネジメント（management）の元の言葉であるマネージ（manage）は「I managed to find the house」（どうにかしてその家を見つけられた）という文例からわかるように「どうにかして…する」という意味を持つ。そこには「髪を振り乱して、必死で」という痛切なニュアンスがある。「リスクマネジメント」といえば、本来は「あれこれ努力をして、やっとの思いでリスクを避ける」という意味なのである。これを「管理」と訳したのでは何となく机の上で事務作業をしているようなイメージになる。しかし、リスク管理とは現場を歩き回って情報を集め、資料を精査し、リスクを避けるべく、ああでもない、こうでもないと懸命の努力をする作業のことなのだ。本書では一般用語に従い「リスク管理」というが、社内では「リスク対策の工夫」という意識で受け止めたほうがよいと思う。

⑷　被害の最小化

「被害の最小化」という、もう一つの要素について述べておきたい。「被害の最小化」とは非常事態が勃発したときに、被害を最小限に食い止める工夫をすることを意味する。英語では「ダメージコントロール」(damage control) という。「破壊や災害などによる被害を最小限にとどめるための対策、措置」(『旺文社現代カタカナ語辞典』) と定義されている。主に軍事面で使われていた言葉で、軍艦が攻撃を受けた場合に被害を最小限にとどめるための設備、人員配置、活動上の工夫のことを意味していた。例えば、第2次大戦中の米国の軍艦は「防水区画」の設計に工夫が凝らしてあり、たとえ被弾しても浸水を一区画で止められるようになっていた。これに対して日本ではそうした設計思想が希薄であったとされる。また、人員配置の面でも米国の軍艦には「ダメージコントロール専門士官」が複数乗り組んでいて万一の場合の浸水防止作業や消火作業などにあたった。これに対して日本ではそうした担当者はいなかったといわれる。その結果、艦船の沈む確率、沈むまでの時間の長さに決定的な差が生じた（三野正洋『日本軍の小失敗の研究』226頁以下（光人社）参照。【図表1】）。

【図表1】 軍艦のダメージコントロール

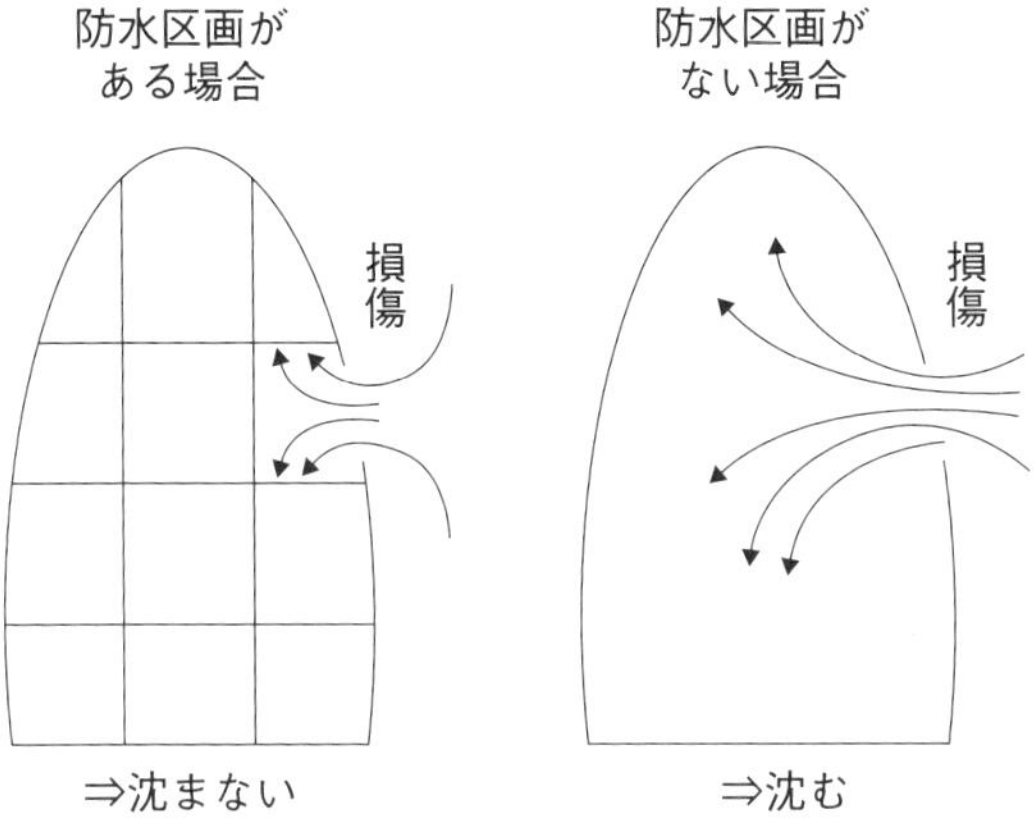

この考え方を企業のリスク管理に当てはめれば、非常事態が生じた場合にも、被害拡大を阻止するシステム的な発想が必要であり、また専門に担当する部署、人が必要であるということになる。軍隊は合理性、効率性を最も積極的に追求する組織であり、そこで教訓とされていることは企業にとってもダイレクトに参考になる（野中郁次郎ほか『失敗の本質』24頁（中央公論社）参照）。

ダメージコントロールの考え方は、日本ではいまだ希薄であるように思われる。問題が発覚して世間から集中砲火を浴びている企業では、「下手に動けば傷が広がる」「まな板の上の鯉の心境だ」「人の噂も七十五日。じっとしていれば嵐は過ぎ去る」といった言葉が飛び交う。「潔さ」を尊ぶ日本の文化が影響しているのかもしれない。

だが、企業の維持・存続を使命とするリスク管理担当者としては、万一の場合にも「被害の最小化」に向けて全力を尽くす心構えが必要だ。会社法施行規則がいう「損失の危険の管理に関する規程その他の体制」（同規則100条1項3号）には「被害の最小化」を図る努力も当然に含まれている。取締役が「被害の最小化義務」を負うことを明言する判例も現れている（福岡地判平23・1・26金融・商事判例1367号41頁、本書209頁）。仮に問題発生時に被害最小化をあきらめるようなことがあれば、それ自体善管注意義務違反になり得る。どのような状況になろうとも、ダメージコントロールをあきらめてはならない。

(5) 全社的な共通理解

リスク管理体制を実効的に構築するためには、以上のリスク管理の内容が全社的に共通に理解されていることが不可欠である。リスク管理を進める上では、記録保存の実行、内部監査への協力、報告の実践、社内研修会への出席、アンケート調査への回答などが必要になる。どれをとっても全役職員の理解と協力なくしては推進することは不可能に近い。

記録の保存一つを例にとっても、「リスク管理部署の要請があるから、面倒だが記録は残して

【図表2】 リスクマップのイメージ

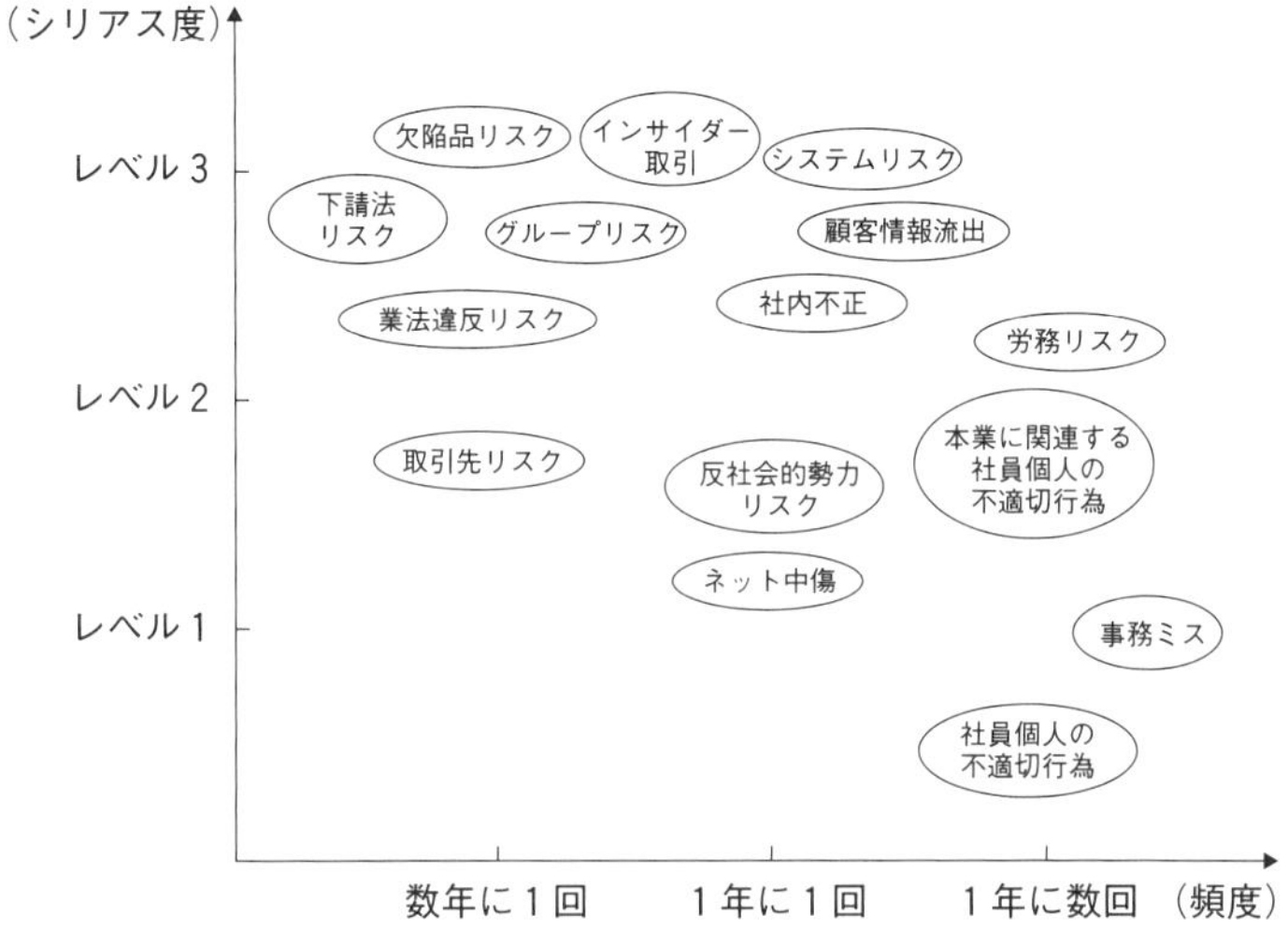

おこう」といった姿勢と、「リスク回避のために記録が決定的に重要なのだ」と理解して記録する姿勢とでは天地の差がある。

2 リスクを知る――リスクマップの作成

(1)「リスクマップ」とは

リスク管理の第一ステップは「リスクを知ること」である。リスクを知るためには、リスクマップの作成を具体的な目標とするのが実践的といえる。「リスクマップ」とは、一方の軸に「シリアス度」（レピュテーションや事業活動などに対する影響度）、他方の軸に「発生頻度」を置いて、予想される社内外のリスク例を図表上にマッピングして作製する表のことである（【図表２】）。

(2) リスクの評価と優先順位

前記「銀行海外支店事件」の判決が「リスクの状況を正確に認識・評価」と述べているように、リスクがあると知る（認識すること）だけではダメで、そのリスクが会社のレピュテーション、事業活動にどの程度のダメージを与えるか、どの程度の頻度で起こることが予測されるかを分析検討すること（評価）が求められる。リスクマップを作成する過程で行うのがまさにその作業である。

リスクマップは、そのままこれからリスク回避の工夫を進めていくときの優先順位表になる。シリアス度が高く、発生頻度の高いリスクから回避体制構築の努力を進めていく。また、例えば「発生した問題がシリアス度レベル３であると認められるときは、リスク対策委員会を招集する」というように、問題発生時の対応指針として使うことができる。したがって、リスクの評価作業では突き詰めた検討が必要だ。その検討作業自体が「リスク感覚を育てる」という副次的効果も生んでいく。

(3) リスクマップの更新

リスクマップは毎年少なくとも１回は見直しを行う必要がある。会社を取り巻くリスクは刻々と変化している。東日本大震災以後、「安全」に関する社会の要求は高まる一方である。例えば、テナント火災についてビルオーナー会社の経営者や統括防火管理者について業務上過失致死傷の成立を認める判決も現れる（東京地判平25・2・13公刊物未登載）など、事故が発生した場合、企業や関係者の責任を問うケースが増えている。企業のサーバに対する攻撃が頻繁に行われ、ネットバンキングの利用客から「フィッシング」という手段でIDやパスワードを盗み取って銀行に不正アクセスする例がたびたび報じられるなど、「デジタルリスク」というべき新しいリスクが生まれてきている。また、日本企業がナイジェリア政府関係者に対して利益提供を行ったとして米国ＦＣＰＡ（海外公務員贈賄禁止法）の適用を受けて多額の和解金を支払った例（平成23年4月公表）、日本企業が米国でカルテル行為を行ったとして多額の罰金を支払った例（平成23年9月公表）、日本企業がアルジェリアで人質テロ事件に巻き込まれる事件（平成25年1月16日）など、「国際リスク」が多発しているのも現代の特徴である。

リスクマップにはこうした時代の流れを、敏感に反映させていく必要がある。

(4) 「世論」に留意した評価

リスク例を評価するときに必ず留意しなければならないのは「世論」の動向である。平成18年4月26日、「耐震偽装事件」の関係者が逮捕された。マスコミは「耐震偽装、8名逮捕！」と大きく報じ、日本中に大きな話題を提供した。しかし、この8名のなかに耐震偽装を理由として逮捕された人は1人もいない。罪名は公正証書原本等不実記載などである。その背景には耐震偽装で被害を被った多くの人々に対する世間の「同情」と、それと裏腹をなす偽装関係者への「怒り」とがある。いまの世の中では世論がリスクの増大、解消を方向付ける決定的な要因となっている。リスク評価をするときは、世論の動向に十分なアンテナを張り、適確な評価を行うことが求められる。

✔ 本節のチェックポイント

1	社内に、「リスク管理」とは①リスクを知ること、②リスクを避ける工夫をすること、③非常事態発生時に「被害最小化」の努力をすることであるとの共通認識がある	□
2	「ダメージコントロール」の必要性を理解している	□
3	実践的な「リスクマップ」を作成している	□
4	リスクマップを定期的に更新している	□
5	リスクの評価を行う際に「世論」の動向に留意している	□

第2節 自社情報・一般情報からリスクを知る

1 「リスク感覚」の必要性

リスク管理の第一歩はリスクを知ることであるが、そのためには「リスク感覚」を持つことが必要だ。「わが社で不祥事が起きるはずはない」と思っている方も少なくない。残念ながら、企業という組織では様々な人が働いていて、その企業は多様な取引先、関係者、社会と接触している以上、企業事故は必ず起きる。その発生確率を減らし、被害を最小化する作業がリスク管理なのである。例えば、社員の机の上に置いてあった顧客名簿の記録されたＵＳＢメモリーなどがいつの間にかなくなっていれば、それだけで重大事故だ。実際、そうした事故で監督官庁から業務改善命令を受け（平成17年5月20日）、トップの辞任にまで発展した事例がある（「銀行名簿紛失事件」）。

「会社の回りはリスクだらけだ！」と気付いたとき、初めて真のリスク管理が始まる。その意味で**「リスク感覚を持てばリスク管理は8割成功」**といえる。

2　リスクを知る――自社の過去事例を分析・保存する

(1)　自社の過去事例の分析

リスクの把握作業のなかで最も大切なのは、自社で過去に実際に起こったリスク事例を分析、保存することである。企業の体質、文化、風土が変わっていなければ、同一状況下では必ず同じ事故が発生するからだ。例えば、前記の例でもＵＳＢメモリーを机の上に無造作に放置する企業体質を根本的に変えない限り、事故は再び起きる。「２度あることは３度ある」というのどかな諺があるが、リスク管理の世界では「**１度起きたことは２度起きる**」と認識すべきだ。

(2)　ケーススタディ「乳業会社食中毒事故」

「１度起きたことは２度起きる」を象徴する事例として、「乳業会社食中毒事故」を挙げておきたい。Ｙ乳業株式会社は創業者が「徹底した品質管理」の理想に燃えて設立した企業であるが、昭和30年、「工場の停電事故」による細菌の繁殖が原因で食中毒事故が起きる。停電により保冷設備が稼働しなかったのである。衝撃を受けた当時の社長は、小冊子「社員に告ぐ」を作成し、「信用を獲得するには長い年月を要し、これを失墜するは一瞬である」というメッセージを全社員に伝える。この教訓に学んで同社は以後、事故は起こさなかった。

ところが、45年後の平成12年になって、被害者が1万4000人を超える大規模な食中毒事故が再び起きる。原因はまたしても「工場の停電事故」による保冷設備の停止と細菌による毒素の発生であった。

こうしたケースを知ったとき、「それは食品メーカーの問題だろう」といった受止め方は誤りである。このケースを「停電リスク」と捉え自社に置き換えて、例えば「自社の基本システムで停電対策はできているか？」と考えることが必要なのである。それが「リスク感覚」だ。

(3) 対　策

自社の過去事例を検討する際、第一に必要なのは「**失敗は知的財産である**」という共通理解を社内に確立することである。これは口で言うほど簡単ではない。不祥事があると「失敗は恥だ」「早く忘れたい」という心情と姿勢になるのが普通だ。必然的に、失敗例に基づく貴重な情報は失われてしまい、全く再発防止に役立てることができなくなる。

しかし、自社の事故例、失敗例のなかにこそリスク管理上の切実な教訓が込められている。その教訓は100％「自社専用」の教訓である。それは、どんなリスク管理の教科書にも書かれていない。この点についてソニーの創業者の一人である盛田昭夫氏は「失敗の原因を究明すれば、全社員の教育になり、損失どころか財産になる」と語っている（日本経済新聞平12・1・10朝刊）。

畑村洋太郎氏も「失敗を直視して積極的に学べば不必要な失敗を重ねることなく創造につながられる」と失敗の「価値」について述べている（畑村洋太郎『「失敗学」事件簿』2頁（小学館））。自社事故例の記録は、まさにかけがえのない「知的財産」にほかならない。

第二は、実践的な方法として事故が起きた際の対応記録をすべて保存しておき、問題が終焉した段階で関係者が集まり、総合的な検討会を開催することである。その際「再発防止のための教訓をつかむ」という目的をくっきりと明示しておくことが必要だ。さもないと責任追及と自己弁護の会になってしまい、何らの教訓、知的財産も得られない。リクルートの元会長河野栄子氏は「私は昔からもっと失敗を分析しようと言ってきて…ミスをした社員に、その理由を説明してほしいと言ったら、周囲から「本人も反省していますから。そんなにいじめなくても」なんて諭されたりして（笑）」と、失敗を分析検討することの難しさを指摘している（日経ビジネス平成12年8月28日号）。

3　リスクを知る――現在の社内リスク情報を収集する

(1)　社内リスク情報を収集する三つの方法

次に、いままさに自社に存在しているリスクを把握することが必要である。方法は三つある。

①全役職員がリスク報告義務を負っていることの確認、②社内リスクに関するアンケート調査の実施、③ホットラインの活用である。「ホットラインの活用と留意点」については第3節に述べる。

(2) 社内規程による「リスク報告義務」の明確化

社内のリスク情報を収集するために第一に行うべきは、内規として「リスク管理規程」を制定し、そのなかに「全役職員は、会社に損害を及ぼすおそれのある事実を発見したときは、直ちに上司、またはリスク管理部に報告する」といった規程を盛り込むことである。本来、取締役・監査役・従業員は、それぞれ「善管注意義務」、リスク管理体制の「監査義務」、雇用契約に含まれる「誠実義務」の内容として、会社に対する「リスク報告義務」を負っている。ただし、具体的に誰に何をどのように報告すればよいかが不明確である。そこで、こうした社内規程を置くことが望ましい。

(3) 関与者の報告

リスク情報の報告義務で考慮しておくべきは、報告者自身がリスク事項に関与している場合である。懲戒規程のなかに「法令、定款、社内規則に違反する場合であっても、みずから会社に申し出た場合、会社は対象者の懲戒処分を軽減することができる」という趣旨の処分軽減規程を盛り込むことが望ましい。

こうしておくことで、ミスを犯して報告できないでいる者、心ならずも不正行為に協力している者などの報告を後押しすることができる。

(4) アンケート調査の実施

第二は、社内アンケートの実施である。各部署に「わが部署のリスク20個」をリストアップしてもらい、それら事項をリスクと判断した理由を書いてもらうのである。リスクを10個挙げることは容易であるが、20個となると難しい。自然と部署のスタッフと意見交換してアンケートに答えることになる。筆者は多くの会社に対してアンケートの実施を提言、実施したが、「回答作成過程でのディスカッションが現場のリスク意識向上に大いに役立った」と報告されている。

こうしたアンケート調査は、できれば毎年、一定の時期に実施することが望ましい。会社を取り巻く環境は刻々と変化する。それにつれて会社に内在するリスクも変化している。

4 一般リスク情報を収集する

(1) 一般リスク情報の必要性

自社のリスク情報の収集に次いで、同業他社、異業種他社など「一般リスク情報」を収集することも必要である。理由の第一は、どのような業界のリスク情報であれ、事故が起きた原因を分析することによって、自社にも適用可能な教訓が得られることにある。例えば、食品会社が「牛肉100%」と表示していながら豚肉を4割、6割混ぜていた「牛肉ミンチ偽装事件」である（平成19年6月発覚）。裁判所は「産地偽装」を規制する不正競争防止法だけでなく詐欺罪をも適用し、会社社長を懲役4年の実刑とした（札幌地判平20・3・19公刊物未登載）。この事実から、いまの世の中では「虚偽表示」がいかに重い犯罪行為だとみなされているかを実感できる。とすれば、金融商品の説明書であれ、家電製品の取扱説明書であれ、およそ「虚偽表示」があれば徹底糾弾されることは明らかである。

【図表3】 リスク情報収集のアンケート用紙例

年　月　日

アンケート用紙

各　位

リスク管理推進本部
担当者

貴部署にて発生が懸念されるリスクを20個、ご記入ください。当社のリスク洗出し作業、見直し作業の大切な参考とさせていただきます。

回答者の部署名　担当者名

予測されるリスク	内容	リスクと思われる理由	現状の対処方法

平成15年、韓国で地下鉄火災が起きたとき、あるトップメーカーの社長はリスク管理担当者に「わが社であのような事故が起きないか、検討せよ」と指示した。その会社は地下鉄関連会社ではない。「密閉された空間で、多くの人が集まる状況はわが社にもあるはずだ。そのリスク対策を考えよ」という趣旨である。これが「リスク感覚」だ。

一般リスク情報が必要な第二の理由は「データベース」として活用できることである。ある程度耳目を集めた企業事故は詳細に報道される。そのなかに示されている事件関連の企業、関係者、行為実態などは普通には入手できない重要な情報である。

(2) 方　法

一般リスク情報を収集するには、新聞、雑誌のこまめなスクラップ、必要なテレビ報道のビデオ収録などで行うのが基本だ。報道機関や専門会社が作成しているデジタルデータを利用することもできる。しかし、犯罪に関わった者の実名を公表するにはそれなりの社会的意義が必要であるとの裁判例もあり（最三小判平6・2・8最高裁判所民事判例集48巻2号149頁）、今後は報道機関が実名表示を自主規制することもあり得る。データベースがいつまでも利用できる保証はない。やはりこまめなスクラップに勝るものはない。

✔ 本節のチェックポイント

1	社内全体に「わが社にも事故は起き得る」という「リスク感覚」がある	□
2	社内に「失敗は財産だ」との共通理解がある	□
3	過去の自社事故例について分析し、記録を保存・管理している	□
4	全役職員がリスク報告義務を負うことを明示した内規がある	□
5	リスク関与者が報告した場合の処分軽減規程がある	□
6	「わが部署のリスク」に関するアンケート調査を実施している	□
7	同業他社、異業種他社など、社会一般のリスク情報をこまめに収集している	□

第3節 ホットラインの活用でリスクを知る

1 一般の整備状況

「ホットライン」は社内で起きている法令違反、コンプライアンス違反などの事実を担当部署に知らせるためのシステムである。自社の現在リスクを把握するためにはきわめて有効な手段だ。平成22年10月1日～11月4日に行われた消費者庁の調査によれば、上場・非上場を合わせた事業者（有効回答数5642件）のうち46・2％が既にホットラインを整備しており、13・8％が導入を検討中であるという（消費者庁「平成22年度　民間事業者における通報処理制度の実態調査報告書」11頁）。だが、ホットラインは単に整備すればよいというものではなく、実際に従業員に活用してもらい、リスク情報の収集システムとして有効に機能させなければ意味がない。以下、ホットラインを活性化するための留意点を整理する。

2　目的の明確化

(1)　目的は企業の改善

何より大切なのはホットラインの制度目的を確認しておくことである。結論から言えば、ホットラインの目的は「企業の改善」に尽きる。企業にとってリスク要因となり得る事象を早期に発見し自ら是正すること、そこにホットラインの意義がある。ある会社のホットラインに「サービス残業が行われている」との報告がなされた。会社が直ちに社内調査を行ったところ、確かに一部でサービス残業が行われていた。そこで会社はすぐさま未払賃金を支払い、就業時間の管理態勢を改め、事態の顛末を全従業員に説明した。その直後、労働基準監督署が調査に入った。だが、労働基準監督署は経緯を説明されて「適切な処置であった」とコメントしたという。このように、ホットラインは問題の迅速な把握と自主的な是正という積極的な機能を持っている。

(2)　目的の履き違えによる弊害

ところが、ホットラインは「他人の悪事を告げ口するための制度だ」と消極的に捉えている人も少なくない。「ホットラインは法令違反に関する通報窓口だ」などと説明されると、言葉のニュアンスからそのように理解したくもなる。平成10年、ある証券会社が当時はまだ珍しかったホットラインを設置したところ、「社内密告制度を設けた」と報道されたことがある。ホットラインがこのように消極的なものとして受け止められると、「利用率の低下」というマイナス効果が生じてしまう。誰も進んで「告げ口」を行おうという気にはならないのは当然だ。また、担当者までがホットラインを「告げ口」と履き違えると、「犯人追及」が優先事項になってしまい、企業改善、リスク回避という本来の目的がどこかに飛んでいってしまうおそれがある。

3 ネーミングの工夫

ホットラインの目的を「企業の改善」と積極的に捉えると、ネーミングにも工夫が求められる。「社内通報窓口」というと「告げ口受付」のようにも聞こえる。相談した者も「通報者」と呼ばれると心理的な抵抗があるのではないか。日本経団連が「ヘルプライン」という呼び方を提唱しているのは、こうした点に配慮したためと思われる。そこで、多くの会社では「通報窓口」という呼び名ではなく、社名などと組み合わせて「〇〇ホットライン」「〇〇ヘルプライン」と称している。また、自社独自の「愛称」を付けることも従業員に親しみを持ってもらうために有効な方法である。「コンプライアンス」「企業倫理」「CSR」、それに正義を表す「ジャスティス」といった言葉を適宜組み合わせた造語が考えられる。ホットラインを利用する人についても

「通報者」というよりは、「相談者」「報告者」というように、呼び方の工夫が必要だ。

4 周知徹底

(1) トップの決意表明

ホットラインの目的は「企業改善」であり「悪事の告げ口」ではない。そのことを社内に周知徹底することが必要である。制度目的の理解なくして活用は望めない。周知徹底のために第一に行うべきは、トップがホットライン活性化に向けた決意を示すことである。社内放送、イントラネットなどでトップがホットラインの目的を社内に説明し、「活用を期待している」と表明するのである。かつて、ある企業のトップが「ホットラインは設置したが、使わないように！」と従業員に釘をさしたという話を聞いたことがある。こうした正反対の意思表明も珍しいが、「おかげさまで、ホットラインの利用は少ないです」と語るトップも、ホットラインを消極的にみている点で大差はない。利用が少ないこと自体が問題なのである。

企業のなかに多くの人がいて活動している以上、どんなに管理体制を整えても、残念ながらトラブル、不祥事は起きる。「不祥事を１００％防ぐことはできない」、そう割り切ってリスク情報を早期に把握して迅速に是正する姿勢を整える。それがリアルな経営の発想だ。

(2) 周知徹底に向けた様々な工夫

第二にホットラインの存在、利用方法などをわかりやすく社内に周知することが必要である。多くの企業では企業行動基準などを印刷した「企業倫理カード」を作成し、その裏面にホットラインの電話番号、ファクシミリ番号、メールアドレス、受付時間、匿名性保護の原則、いたずら利用の禁止など、必要事項を記載して従業員に配布している。カードを必ず携帯してもらうよう、カードに氏名を書き込むことを義務付けるとか、関係する官公署・公共施設の「連絡先一覧表」など業務上の必須事項を記載しておくというように、各企業がそれぞれにきめ細かい工夫を行っている。ポスターなど掲示物、付箋など事務用品グッズへの印刷なども広く行われている。

さらに、毎年決まった時期に「ホットラインに関するアンケート」を行うことも効果的だ。質問事項は、ホットラインの存在を知っているか、使ったことがあるか、いざとなったら使うかなどが考えられる。こうした「定点観測」で周知徹底の効果を目に見える形で知ることができる。また、ホットラインについて考えてもらう機会を作ることになり、アンケートの実施それ自体が周知徹底の効果を持つ。

5　匿名性の保護

(1)　2種類の匿名性

ホットラインを運営する上で最も大切なことは匿名性の問題である。ただし、一言で「匿名性」といっても、相談者が匿名で窓口に報告することを認めるかという「受付段階の匿名性」（【図表4】の①）と、相談を受けて社内の担当部門に連絡するときに匿名性を維持するかという「連絡段階の匿名性」（【図表4】の②）との2種類の場面がある。この二者は局面が全く異なる問題であり、明確に区別すべきだ。

(2)　受付段階の匿名性

受付段階では匿名の報告は認めずに、相談者に所属部署と氏名を明らかにすること（顕名）を求めるべきだ。根も葉もない無責任な報告を防ぐためである。そのためには社内広報で「窓口に報告・相談するときは所属部署と氏名を明らかにすること。この点にご協力いただけないと、会社は調査も対応も行うことができない」と十分に周知しておくことが必要だ。

ただし、多くの受付窓口ではどうしても実名を明かさないときでも「調査、対応はできないが」と断った上で相談内容を聞いている。リスク管理上の参考になるからだ。

【図表4】 ホットラインの仕組み

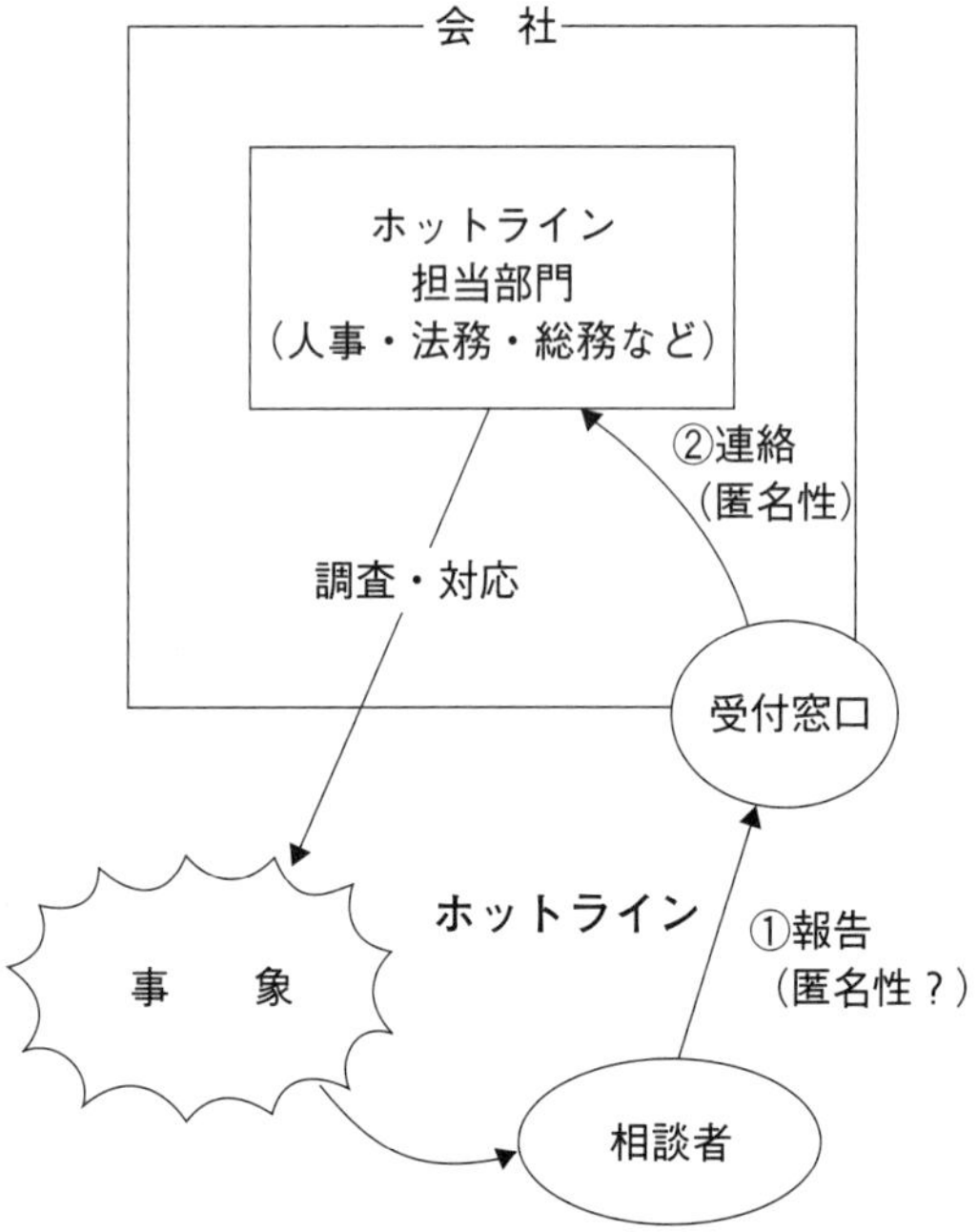

(3) 連絡段階の匿名性保護

これに対して「連絡段階の匿名性」は徹底して守られなければならない。受付窓口は人事、法務、総務などの担当部門に連絡する際に報告者の氏名を明かしてはならない。報告者が誰であるかを推測させる情報も避けるべきだ。

こうした方法に対して、多くの経営者が「せっかくホットラインを設置しても具体的にどの部署で誰が不適切行為をしているのか、教えてもらえない」と不満を洩らしているが、やむを得ないことだ。そうした制約下での調査対応の「工夫」については後に述べる。

連絡段階での匿名性の保護はホットラインの活性化を支える「生命線」である。相談者が誰であるかが明らかになってしまうと相談者に対する「報復」が予測されるからだ。ある企業で約5000名の社員に対してアンケートを行ったところ、「ホットラインの存在を知ってはいるが使うつもりはない」と答えた人が少なからずいた。そのうち約80％が、理由として「自分が誰かを知られるのが怖いから」と答えている。ちなみに約50％の人は使わない理由として「改善されないから」と答えている（重複回答を含む）。

「相談者が特定されないこと」「改善に結び付けること」、この2点がホットライン活性化のカギである。

(4) 公益通報者保護法との関係

公益目的で通報した人を保護するための「公益通報者保護法」（公通法）という法律がある。同法は通報したことを理由とする降格、減給などの不利益な取扱いを禁じている（5条1項「不利益取扱いの禁止」）。そこで、仮に相談者の氏名が発覚してもこの法律で守られるから匿名性の保護についてそれほど厳格に気にする必要はないのではないかという意見も出てくる。

けれども、相談者に対する「報復」は降格のような明確な措置ではなく、「仕事を与えない」といった、法的な処分とは言いにくい形で行われる。ある判例はカルテルを告発した者に対して「個室での一人勤務」「昇格なし」「仕事は雑務のみ」という取扱いが行われたと認定している

(「運送会社事件」富山地判平17・2・23判例時報1889号16頁)。いったん匿名性が失われると公通法では対処し切れないのである。また公通法の保護対象は指定された法律に違反する「犯罪行為」に係る通報だけに限定されている。ホットラインで頻繁に対象となり得る「パワハラ」「セクハラ」などは犯罪にまでは至らないことが多いが、同法の保護対象にはならないのである。企業としてはやはり連絡段階での匿名性保護を厳守すべきだ。

6 難しい連絡段階での匿名性保護

報告内容を社内に連絡する際匿名性保護には困難がつきまとう。例えば「A支店の○○氏がパワハラを行っている」という相談がホットラインを通じてなされたとしよう。そのまま正直に人事部などがA支店に調査をかければ、相談者が誰であるかはたちどころに明らかになってしまう。支店に所属している人の数は限られているし、調査をかけられたほうは「告げ口した奴は誰だ?」と必死で探し回るからだ。残念ながら「事実確認よりも相談者探し!」という現場が少なくない。それでは「企業改善」は不可能である。

7　匿名性保護の工夫、「ダミー方式」

この問題に対する一つの工夫が「ダミー方式」である。「A支店でパワハラ行為が行われている」と報告があったときは、A支店に他の支店を二つほどダミーとして加えて、人事部などに依頼して3店舗一斉にヒアリング調査を行うのだ。3店舗が同時にヒアリングを受けているとなれば相談元がA支店であることはわからない。「人事部面談は毎年時期が決まっているのに、なぜこの時期に」という現場の疑問に対しては「コンプライアンス強化月間の一環です」といった触れ込みを考えておくとよい。調査を担当する部署にはホットライン報告があったことだけは告げるが、どの支店から相談があったかは明らかにしない。調査態度で相手方に悟られる危険があるし、3店舗に対し公平に一般通常の調査手続を行えば、嬉しいことではないが、ダミーの支店からも不適切行為が発見されるという「副産物」もあり得る。

こうした方法を「ダミー方式」と呼んでおり、実際に多くの企業で成果を上げている。「ダミー方式はコストもかかり、もどかしい」という声もある。しかし、ストレートな調査で相談者が特定されてしまい、その結果ホットラインが使用されなくなるデメリットを考えると、多少の労力とコストはがまんすべきだ。ダミー方式の意義は大きい。

8 「内部ホットライン」と「外部ホットライン」

ホットラインを社内に設けるべきか、それとも法律事務所など外部専門機関に委託して社外に設けるべきかという問題も、匿名性保護の問題と関連している。「内部ホットライン」のメリットは受付担当者が業界や社内の事情に精通しているので相談に対する理解が早いことであり、デメリットは「匿名性や秘密が守られるか」という相談者の不安を払拭できないことである。社内ホットラインの担当者が後に人事部に異動になったなどといった事態も考えられ、不安は無理からぬところがある。「外部ホットライン」のメリット、デメリットはこの逆である。外部専門機関に委託するときは、守秘契約を結んだ上で業界の特徴、業界用語、業態、社内用語などをよくレクチャーしておく必要がある。さもないと、「話の理解が遅い」ということで利用が敬遠されることになる。

複数企業のホットライン業務を受託してきた筆者の実感からすると、ホットラインで報告を行う人々の多くは目的・内容に応じて社内・社外のホットラインを適切に使い分けているようである。とすれば、ホットラインは社内外両方に設置するのが望ましい。日本経団連が平成20年に行ったアンケート調査（以下「経団連H20アンケート」という）によると、ホットラインを設置して

【図表5】 ホットライン手続の流れ

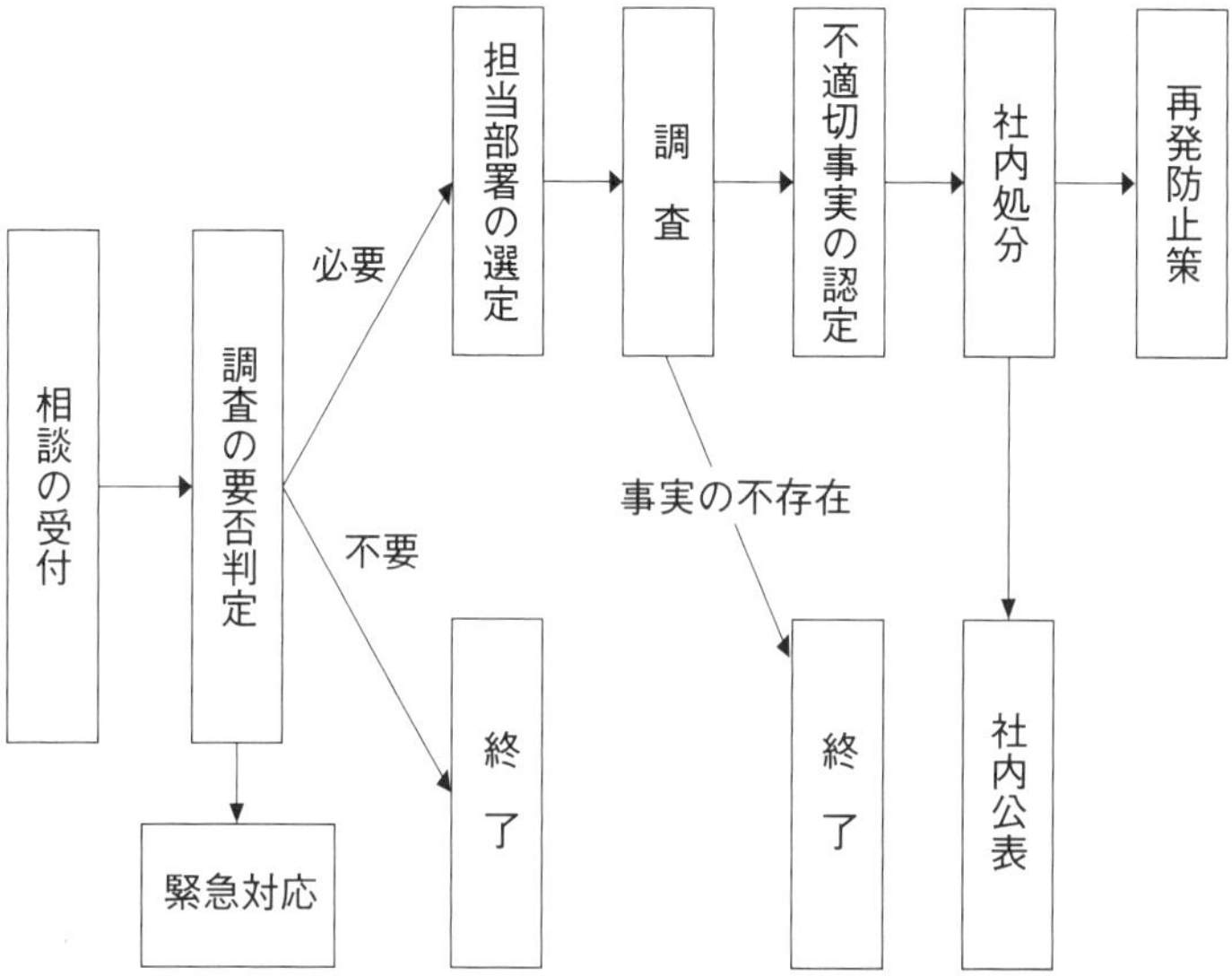

いると回答した会員企業のうち59・7%（有効回答573社）が「社内外両方に設置」としている。平成17年に行われた同様の調査では「社内外両方に設置」と回答した会員企業が47・3%であったことと比較すると、企業も「社内外設置」を目指していることがわかる。

9 ホットライン利用者の範囲

(1) 派遣社員・アルバイトなど

ホットライン規程を作成する際に、利用者の範囲を正社員以外のどこまで広げるかは重要な検討課題である。

「企業改善」という目的からすれば、不適切事象を見聞きする立場にある人を広く利用可能者とすべきだ。行為者が「派遣社員」に指示してCDに情報を複写させたとされる「証券会社顧客情報流出事件」(平成21年4月公表)で派遣社員は「幹部(容疑者)からの指示だったので従った」と説明しているという(朝日新聞平21・6・25夕刊)。また、期間契約の社員に対して契約更新をほのめかしてセクハラをしかけた事例などは少なくない。このように、不適切行為は弱い立場にある派遣社員やアルバイト社員に対して行われたり、そうした立場の従業員を利用して行われたりすることが多い。だとすれば、派遣社員・アルバイト社員・パート社員もホットライン利用者に加えるべきだ。経団連H20アンケートでも90%以上の企業が嘱託・パート・派遣社員を、66%の企業がアルバイト・季節労働者を利用者に加えている。

(2) 取引先

これに対して「取引先」を利用者に加えるかには難しい問題がある。「企業改善」という目的に照らせば加えるべきであることに疑問の余地はない。取引先に対して不公平な取引条件を押し付けたり、営業担当者が取引関係を笠に着て個人的な利益提供を強要したりする事例は往々にして行われている。こうしたケースが発覚すれば場合によっては独占禁止法の優越的地位の濫用事案などとして立件され、自社のレピュテーションを直撃することになる。

しかし、実際上、取引先にホットラインの利用を期待することは難しい。万一報告者が明らかになると、「取引停止」という致命的な報復が懸念されるからだ。また、取引関係はそれぞれに個性があり、調査しようにもダミー方式を活用しにくい。経団連H20アンケートでも「取引先」をホットライン利用者に加えているのは27％にとどまる。取引先にこそ自社のリスク情報が潜在的に存在しているだろうという問題意識と、だが利用は期待しにくいという実感とが交差したデータといえる。

だが、こうした課題はあるものの、取引先もホットライン利用者に加えるべきだ。潜在的なリスクを発見するメリットは大きく、調査過程での匿名性の保護は工夫次第で実現できるはずであるし、何より取引先にもホットラインの利用を広げている企業姿勢自体が社会的には高く評価されるからである。

10　報告受領直後の留意点

(1)　調査の要否判定

ホットラインで相談を受けたら、まずは相談内容について調査する必要があるかを判定する。

相談のなかには、全く具体性を欠くもの、グチ・不平に尽きるもの、一見して根も葉もないとわかるものなどが含まれる。これらは、調査の必要はない。ホットライン電話でグチ・不平を語り尽くし、「聞いていただき、スッキリしました」と満足する人も多い。それはそれでホットラインの「ミッション達成」である。注意すべきは「グチ・不平」と思われるなかにも「企業改善」に有益な情報が含まれていることである。例えば「最近、眠れません」という申立てをよく聞いていくと、社員寮の個室設備に関する指摘であったような例だ。こうなると「安全配慮義務」に関連する問題になってくる。

(2) クイックレスポンス

メールでホットラインを受け付けた場合、大切なのは「クイックレスポンス」の姿勢だ。「ご相談、ご報告のメールを拝読いたしました」というだけの返信でよい。相談するほうは実名が社内に発覚するリスクを十分に考え抜いた末、一大決心をしてメールを送信したのだ。「いまかいまか」と返信を待っている。少しでも返信が遅れると行政への告発など次のステップに移行するかも知れない。

(3) 緊急対応

ホットラインへの相談内容によっては緊急対応が必要な場合がある。例えば、「カルテル組織と見られる会合に来週出席予定である」「管理職による深刻なセクハラ行為が行われている」といった報告だ。こうしたときは詳細な事実確認が行われる前であっても、「一応ありそうだ」と把握できた段階で緊急対応を取るべきである。これらの例でいえば、とりあえず会合への出席を中止させる、セクハラの「行為者」「被害者」とされる者を配置換えで物理的に離しておくなどの対応である。

(4) 調査対応義務

「調査が必要だ」と判定したら、人事部、監査部、法務部など、調査に適した部署に調査を依頼し、事実確認の調査を直ちに行わなければならない。ある病院で、男性看護師によるセクハラ行為が行われていると女性看護師らから主任に報告がなされたのに、主任は耳を傾けず、婦長（現在の看護師長）にも相談しなかった事案で、裁判所は「聞きながら…何ら対応策をとらなかったこと」が組織としての職場環境配慮義務違反になると認定している（「病院セクハラ事件」津地判平9・11・5判例時報1648号125頁）。

11　事実確認から再発防止へ

(1) 調査と関係者の申立て

調査を行う過程で関係者から手続の進め方について意見が述べられることがある。だが、ホットラインは「企業改善」を目的に、会社の責任において運営する会社の制度である。担当者はこのことを常に明確に意識しておく必要がある。関係者の意見は参考にとどまる。ある銀行の支店長が女性行員にセクハラ行為を行ったとの事案が報告された際、被害者の女性が「そっとしておいてください」と言ったところ、課長は内部管理を担当する支店次長にも報告せず、そっとしておいた事例がある。裁判所は「(課長が)何ら措置を執ることなく時間を空費した」として銀行に使用者責任が生じる根拠の一つとしている(「銀行支店長セクハラ事件」京都地判平13・3・22判例時報1754号125頁)。

調査、処分後に相談者から「パワハラの行為者は、どの程度の社内処分になりましたか」と質問された場合も考え方は同様だ。処分結果を伝える必要はない。「内規に照らしてしかるべき検討、手続が行われました」と回答すれば十分だ。ホットラインは相談者が行為者に報復するのを手伝うためにあるのではなく、「企業改善」のために設置されたものだからである。

(2) 調査手続の留意点

調査手続で大切なのは相談された事案の対象者を「犯人」と決めてかからないことだ。予断と偏見を排除した上での証拠資料と証言に基づいた適正な調査を行わなければならない。相談のなかには虚偽の事実を告げて、特定の人物を陥れようとするものが、稀にではあるが存在する。筆者自身、「不正経理の証拠」として報告者から提供された「資料」が調査の過程で巧妙に偽造された書類だと判明した事件を経験している。

(3) 処分結果の社内公表と留意点

調査結果に基づいて社内処分が行われた場合は、社内イントラネットなどで公表するほうが望ましい。「コンプライアンス・コーナー」という頁を掲げておいたが社内では人気がなくほとんど閲覧されなかったのに、「処分結果」を記載したところ、数十倍の閲覧率になったという報告例がある。社内公表は再発防止、企業改善に向けた劇的な効果がある。その際、関係者が特定されないように匿名とする、事実関係も部署が特定されないよう必要範囲で抽象化するなどの対策を取ることは当然である。

(4) 再発防止への教訓

最終的に確認された事実関係をもとに、コンプライアンス委員会、危機管理委員会など、しかるべき社内組織で再発防止上のポイントを徹底して抽出する。ホットラインはそのために存在するのであるから、十分な議論と分析を行うべきである。分析結果は、記録して社内研修などで活用すべきだ。貴重な「知的財産」を眠らせてはいけない。

✔ 本節のチェックポイント

1	ホットラインが設置されている	□
2	ホットラインの目的を「企業改善」と積極的に捉えている	□
3	ホットラインのネーミングにも配慮している	□
4	ホットラインの活用についてトップが決意表明をしている	□
5	ホットラインの周知に向けて積極的な努力が行われている	□
6	連絡段階の匿名性が保護されている	□
7	社内連絡段階での「ホットライン報告者の匿名性保護」の原則が確立されている	□
8	「ダミー方式」など、報告の匿名性保護の工夫が実施されている	□
9	社内外の両方にホットラインが設置されている	□
10	派遣社員、アルバイト社員などもホットラインの利用が可能である	□
11	取引先もホットラインの利用が可能である	□
12	関係者の意見は参考にとどめ、調査手続は「企業改善」の視点から行っている	□
13	調査は、証拠と証言に基づき適正に行われている	□
14	調査結果から再発防止のポイント抽出を行っている	□

第4節　「時代の流れ」からリスクを知る

1　「時代の流れ」にアンテナを張る必要性

リスク管理を進める上では、「いま世の中全体で企業に何が問われているか」を大きく掴んでおくことが不可欠である。「時代の流れ」を的確に受け止めておかないとリスク管理の基本的な方向性がずれてしまう。「牛肉ミンチ偽装事件」（平成19年6月発覚、本書17頁）で社長は記者会見の席上、終始笑っていた。記者団から「社長、なぜ笑っているのですか」と再三、詰問が飛んでいるにもかかわらず、社長は態度を変えることはなかった。豚肉を混入させた製品を「牛肉100％」と表示して販売することがいまの世の中でどれほど非難されることなのか、理解できていなかったからだと思われる。後に「懲役4年」を宣告されるような重大犯罪だと認識していたら決して笑うことはなかったはずだ。時代は、たとえ食中毒などの実害が生じていなくても、「虚偽の表示をした」その1点において重罪に値するというところまで進んでいる。同社の社長はその点を読み取ることができなかった。ここに企業人の感覚が「時代の流れ」とずれてしまうことの恐ろしさがある。

2 「生活者の企業観」にみる時代の流れ

では「時代の流れ」を把握するためにはどうしたらよいか。とくに決定的な方法があるわけではなく様々な工夫を凝らすしかない。企業に関する各種のアンケートを概観しておくことは有力な方法だ。経済広報センターが十数年来実施している「生活者の〝企業観〟に関するアンケート」（以下「企業観アンケート」という）は、社会が企業に何を期待しているかをまとめたものだ。企業が社会の期待に反すれば「退場命令」を突きつけられるのだから有益なデータであり、毎年定期的に行われている「定点観測」であるだけに資料価値も高い。

企業観アンケートのこれまでの結果に基づいて、「社会が企業に期待する事柄」ベスト7を【図表6】にまとめた。最近5年間を見ると「安全・安心の商品・サービス提供」「不測事態発生時の的確な情報発信」「企業倫理の確立」が常に上位を占めている。ここからすれば、企業リスク管理上、「安全・安心」「不測事態発生時の情報開示」「企業倫理の確立」を最重点課題とすべきだということになる。

3 「安全」

(1) 「安全・安心」という言葉

社会がいま企業に最も求めているのは「安全」である。平成23年の東日本大震災後はその傾向がとくに強まっている。これに対応して企業側も「安全・安心」をモットーに掲げて努力を続けている。が、一点確認しておきたいことがある。それは「安全・安心」と一体で唱えられているが厳密には「安全」と「安心」とは異なるということだ。「安全」とは危険性がないことをいう。いわば客観的な概念である。これに対して「安心」とは心が安らぐことをいう(『広辞苑〔第6版〕』(岩波書店))。いわば精神的な概念である。

したがって、企業が「安全・安心を目指す」とは、第一に、企業は製品・サービスの品質を高め客観的な安全性を確保し、第二に、その安全性を社会、消費者に的確に伝え、心安らぐ状態になってもらうように努力するという、二つの目的を表している。第一は「品質保障」であり、第二は「適正表示」の問題だ。ところが、「安全・安心」と一言で言う場合、この二つが明確に意識されていないように思われる。「安心・安全」と逆に言われると、客観的安全性確保の前に、安心させてしまうのかと皮肉を言いたくなる。企業は二つの目標を明確に意識して、リスク管理

18年（第９回）	19年（第10回）	20年（第11回）	21年（第12回）	22年（第13回）	23年（第14回）	24年（第15回）	25年（第16回）
安全・安心で優れた商品・サービス（86%）	商品・サービスの高い質（64%）	商品・サービスの高い質（65%）	安全・安心で優れた商品・サービス（83%）	安全・安心で優れた商品・サービス（84%）	安全・安心で優れた商品・サービス（83%）	安全・安心で優れた商品・サービス（81%）	安全・安心で優れた商品・サービス（81%）
不測事態における的確な対応（61%）	企業倫理の確立（55%）	企業倫理の確立（57%）	不測事態における的確な対応（62%）	不測事態における的確な対応（61%）	不測事態における的確な対応（58%）	不測事態における的確な対応（63%）	不測事態における的確な対応（55%）
企業倫理の確立・順守（59%）	不測事態における的確な情報発信（53%）	不測事態における的確な情報発信（53%）	企業倫理の確立・順守（60%）	企業倫理の確立・順守（55%）	企業倫理の確立・順守（51%）	企業倫理の確立・順守（56%）	企業倫理の確立・順守（48%）
情報公開（48%）	環境問題への取組（45%）	環境問題への取組（45%）	情報公開（48%）	雇用創出（46%）	雇用創出（46%）	雇用創出／経営の透明性確保と情報公開（ともに45%）	雇用創出（46%）
環境保護への取組（43%）	技術開発への取組（39%）	従業員に活気（40%）	雇用創出（42%）	職場環境の整備（44%）	技術開発への取組（39%）		経営の透明性確保と情報公開（36%）
技術開発（32%）	正確な情報開示（29%）	技術開発への取組（39%）	職場環境の整備／環境保護への取組（ともに37%）	環境保護への取組／経営の透明性確保と情報公開（ともに38%）	経営の透明性確保と情報公開（35%）	技術開発への取組（36%）	技術開発への取組（35%）
利益確保と納税（27%）	雇用創出（28%）	業績が良く株価向上／正確な情報開示（ともに31%）			環境保護への取組（31%）	環境保護への取組（32%）	利益確保と納税／環境保護への取組（ともに31%）

ケート」平成10年（第１回）～平成25年（第16回）の調査結果を基に、企業
目の割合を著者が表にまとめたもの。項目の名称は年によって異なる。

【図表6】 生活者の“企業観”に関するアンケート

	平成10年（第1回）	11年（第2回）	12年1月（第3回）	12年12月（第4回）	14年（第5回）	15年（第6回）	16年（第7回）	17年（第8回）
1	商品やサービスの提供（62.8%）	商品やサービスの提供（57.3%）	商品やサービスの提供（62.3%）	事業を通じての貢献（68.0%）	事　業（71.1%）	安全・安心で優れた商品・サービス（83.5%）	安全・安心で優れた商品・サービス（84.1%）	安全・安心で優れた商品・サービス（85%）
2	環境問題への取組（58.9%）	環境問題への取組（53.1%）	環境問題への取組（58.4%）	環境問題への取組（54.9%）	環境保護への取組（53.6%）	不測事態における的確な危機管理（62.3%）	不測事態における的確な危機管理（63.2%）	不測事態における的確な対応（59%）
3	雇用創出（55.1%）	雇用創出（45.5%）	雇用創出（48.7%）	社会倫理の順守（54.2%）	企業倫理の確立・順守（47.1%）	企業倫理の確立・順守（57.7%）	企業倫理の確立・順守（57.0%）	企業倫理の確立・順守（56%）
4	社会進歩への貢献（50.7%）	社会進歩への貢献（42.1%）	社会倫理の尊重（47.2%）	雇用創出（41.1%）	危機管理（44.2%）	情報公開（50.6%）	情報公開（47.2%）	情報公開（49%）
5	社会倫理の尊重（48.8%）	社会倫理の尊重（41.9%）	社会進歩への貢献（44.9%）	技術開発（38.5%）	情報公開（42.1%）	環境保護への取組（47.9%）	環境保護への取組（46.2%）	環境保護への取組（43%）
6	国・地方自治体財政への貢献（41.6%）	国・地方自治体財政への貢献（25.1%）	国・地方自治体財政への貢献（26.1%）	利益確保と納税による貢献（19.3%）	雇用創出（41. 8%）	雇用創出／技術開発（ともに36.5%）	雇用創出（37.4%）	雇用創出／技術開発（ともに35%）
7	社会貢献活動（7.2%）	株価向上・配当（15.4%）	株価向上・配当（12.8%）	株価向上・安定配当（11.4%）	利益確保と納税（24.3%）		技術開発（33.1%）	

【出典・補足】財団法人経済広報センター「生活者の“企業観”に関するアン
の果たす役割や責任についての質問に「非常に重要である」と回答した項

体制の整備を進めるべきだ。

(2) 厳しさを増す「安全」への期待

こうした「安全」に対する社会の要求は高い。最近の特徴は商品の安全性が問題になったとき、企業幹部の刑事責任が問われる例が増えてきたことだ。平成18年に少年がマンションのエレベーターに挟まれ死亡した事故について、東京地検は平成21年7月16日、エレベーターメーカーの保守部長、保守課長、メンテナンス会社の社長、専務、メンテナンス部長の合計5名を業務上過失致死で起訴した（「エレベーター事故」）。

さらに、ガス湯沸かし器による一酸化炭素中毒の死亡事故では、メーカー・販社の代表取締役を兼任するトップが業務上過失致死罪で、禁固1年6月、執行猶予3年の有罪判決を言い渡されている（「ガス湯沸かし器事故」東京地判平22・5・11判例タイムズ1328号241頁）。直接の事故原因は第三者である「修理代行店」が行った「改造行為」にあった。だが裁判所は、メーカー・販社は「修理代行店」に対して一定の指揮監督関係があったと認定し、そうである以上、メーカー、販社のトップとしては「修理代行店」に点検、回収をさせるか、または自ら点検、回収すべきであったと認定した。「時代」は、自社内における安全・安心対策にとどまらず、第三者の関与についても配慮するように企業人に求めている。

(3) 顧客情報の保護と「安全」

顧客情報保護の問題も「安全」の視点から理解しておく必要がある。実は顧客名簿は以前から企業恐喝の「材料」として使われている。銀行に対して「数万人分の顧客データを持っている。賛助会員になればデータを売ってやる」と脅した事件（平成10年1月9日逮捕）、生保会社に対して「フロッピーディスクに入った2万8０００人分の顧客名簿を買い取れ」と脅した事件（平成17年3月8日逮捕）、情報会社に対して「お宅の名簿を持っている」として20億～30億円を要求した事件（平成16年2月24日逮捕）などと、顧客情報漏洩をめぐって多くの企業恫喝事件が発生している。

なぜか。それは顧客情報が「顧客の安全」に直結しているからにほかならない。流出した顧客名簿はほとんどの場合、反社会的勢力の手元に入る。そして地下にうごめく名簿ブローカーの間を転々と流通してゆく。名簿の行く先は振り込め詐欺や怪しげな投資話勧誘などを行っているグループである。警察庁の発表によれば振り込め詐欺の平成24年の被害額は約１５５億円（警察庁ホームページ「振り込め詐欺を始めとする特殊詐欺の被害状況」より）である。名簿を持ち出された顧客は大変なリスクにさらされることになる。「顧客名簿＝顧客の安全」と言って過言ではない。個人情報保護法（個人情報の保護に関する法律）があるから仕方なく顧客情報を守るのではない。顧客名簿の保護は、時代が求める「安全」そのものだ。その点を明確に受け止めておかないと個人情報保護対策のポイントがずれてしまう。

4 不測事態発生時の情報開示

「不測事態発生時の情報開示」は企業観アンケートでは2年続けて2位となっている。この問題も実は「自分たちの安全に何らかの影響を与えるのではないか」という「安全」「安心」の観点から対応が求められているのだ。平成19年7月の新潟県中越沖地震では、地震が起きた直後に原子力発電所で黒煙が上がった(「発電所火災」)。実態は変圧器の油が燃えていたに過ぎなかった。電力会社からすれば全く安全性に影響する話ではなかったことだろう。しかし一般社会人からみれば「地震の影響で原発に何かあったのか」という不安があった。実際、欧州や南米では「日本でチェルノブイリみたいなことが起きている」と報道されたという(朝日新聞平19・7・28朝刊)。ここに非常時の情報開示の必要性を示している。

平成22年8月18日午後3時頃、海上保安庁のヘリコプターが墜落した。その際、実はデモンストレーション飛行であったことはなかなか開示されなかった。パトロールか廃船調査かと取りざたされた後、翌日午後になってようやく事実が開示された。結果的にマスコミから「組織的隠蔽」と指摘され、６名が更迭された。ヘリコプターがなぜ異例のルートを飛行していたかは周辺住民にとっては安全性に直結するきわめて重要な問題だ。最近も鉄道会社が、ＡＴＳが作動して列車が非常停止したことを「公表しなかった」と批判する記事が報じられている（朝日新聞平22・10・28朝刊）。

不測の事態が発生したときの情報開示は、「情報開示は企業のあるべき姿だ」などという生易しいものではなく、「安全・安心」に関連する、社会の真剣な要求に基づくものであることを理解することが必要だ。

5　環境保全

「時代の流れ」と企業側の認識を整合させることの難しさを実感させたのはコンビニエンスストアの「弁当値引き問題」だ。公正取引委員会はコンビニ本部が加盟店に対して販売期限が迫っている弁当を値下げ販売する「弁当の見切り販売」を止めるように加盟店に求めた事案について、「優越的地位の濫用」に該当するとして排除措置を命じた（平成21年6月22日排除措置命令）。これに対してコンビニ本部は「本部と加盟店が締結している契約に「廃棄分は加盟店の経済負担とする」という条項があり、その条項は裁判所でも合法とされている」と釈明した。だが、世間は本部・加盟店間の契約内容に関心があったわけではない。報道によれば、1店舗当たり年間530万円分、全店では600億円規模、量にして年間17万トンの廃棄が行われているという（朝日新聞平21・6・23朝刊）。世間はその「廃棄」を問題視していたのだ。

改めて企業観アンケートを見ると、「環境問題への取組」は毎年、4位、5位に位置付けられている。平成21、22年版でも6位に入っている。それほど社会にとっては重大な関心事なのだ。環境問題も突き詰めれば生活環境の安全に結び付いている。社会は企業に対して本気で環境問題を考え、真剣に取り組むことを求めている。

6 「時代の流れ」にアンテナを張るために

(1) 新聞・雑誌

「時代の流れ」にキャッチアップしていくためにはアンテナを張りめぐらしておく必要がある。その際、最も参考になるのはやはり新聞記事である。①どのような事象が報道されているか、②どのような見出しが付けられているか、③どの面に載っているか、④どの程度のスペースが割かれているか等から時代の風を知ることができる。

「記事が大きいとしても、マスコミ自身が一方的に世間に騒いでほしいと思っているだけではないか」という声もあり得る。しかしマスコミも企業体であり、社会に受け入れられると思う記事に重点を置いているわけで、やはり世論の動向を敏感に反映していると見るべきだ。

(2) テレビ放送

テレビのワイドショーなどでどのような話題が取り上げられているかも知っておく必要がある。テレビ番組で特定の食品にダイエット効果があるとコメントされれば、夕刻にはその食品が売り切れるのが実情だ。テレビ放送の傾向で世間全般が何に関心を持っているか、おおよそ知ることができる。

(3) インターネット

インターネットの掲示板などで企業がどう評価されているかを概観することも有効である。匿名の情報であり正確性の担保もなく、そのまま「正確なデータ」というわけにはいかないが、世の人々の率直な感情を把握できる。

(4) アンケートなど

「企業観アンケート」のように定点観測で行われているもののほかに、自治体や情報関連企業などで時々アンケート調査が行われている。こうしたデータを小まめに積み重ねておくと貴重な指標になる。

(5) 交友関係を広げる

業務外では外出せず、交友範囲が狭いと、時代の流れはつかみにくい。仕事上の利害関係のない人々と広く交友関係を築き、世の中の動きを実感することが望まれる。ＯＥＣＤが加盟21カ国に対して「友人同僚と業務外で、外出、サークル活動をした経験のない人」というアンケートを行ったところ、日本男性の16・7％がイエスと答え、トップであったという(日本経済新聞平19・3・15夕刊)。意識的に交友関係を広げる努力が時代感覚を磨き、リスクの把握につながる。

✔ 本節のチェックポイント

1	「世論」に目を向けることの必要性が社内で認識されている	□
2	「安全」「安心」第一の意識が社内で確立されている	□
3	「企業倫理」「公正さ」に反すると企業生命を左右すると認識されている	□
4	「顧客情報保護」は「顧客の安全確保」の問題に直結すると意識されている	□
5	「環境保全」は単なる理想論ではなく現実の課題だと意識されている	□
6	新聞、雑誌、テレビ、インターネットなどで世論の動向をチェックしている	□

第2章

リスクを避ける

第1節 「企業文化」の確立でリスクを避ける

1 「企業文化」確立の必要性

(1) 「動機付け」の重要性

「リスクの回避」と「被害の最小化」とを実現するためには、各種システムを構築するだけでは足りない。どんなに立派な内規を整備し、モニタリング体制、監査体制、情報管理体制などを整えようとも、肝心の担当者が具体的な業務の場面で不適切行為に踏み切ってしまえばすべての努力は消し飛んでしまう。担当者があと一歩尽くすべきの注意努力を放棄してしまうこともあり得る。

かつて世間の耳目を集めたカルテル事件が発生したとき、当事者となった企業のトップは「大変な努力をして多くの内規を作り、管理体制も整えていたのに誠に残念だ。現場の人が暴走して違法行為に走ってしまうと、どうにもならない」と悔しそうに語っていた。

最後のギリギリの段階で、担当者自身の「心」のなかに「不適切行為はやめよう」「あと一歩の注意努力をしよう」という「動機付け」を持ってもらうことが不可欠なのだ。

(2) 動機付けと「企業文化」

こうした動機付けは企業文化と深く結び付いている。「企業文化」とは、その企業に属するすべての人が自然に従うまでに定着している、その企業固有の価値体系、行動規範のことをいう。「企業風土」「社風」「企業体質」、最近では「企業のＤＮＡ」などと呼ばれているものがこれに当たる。他社の人の行動を見て「いかにもあの会社の人らしいな」と感じることがよくあるのではないだろうか。それが企業文化だ。

企業文化はどの会社にも存在している。その目に見えない「企業文化」が、所属している役職員の行動、動機付けを決定する大きな要因となっている。だとすれば、企業文化自体をリスク回避、被害最小化に向けた「適正」なものに作り上げていく必要がある。その作業が企業文化の確立である。

2 企業文化の「内容」

企業文化の内容を「適正」なものに作り上げる作業は徹頭徹尾、意識的に行う必要がある。自然に任せておけば「負の企業文化」といったものが、いつの間にか社内にびっしりと生い茂ってしまう危険性がある。そのことを示したのが「ホテル不正改造事件」（平成18年1月）だ。これは、ホテル会社が条例で設置が義務付けられている身体障害者用設備をいったんは設置したものの、建築完了検査後、すぐに取り壊していたという事案である。事件が発覚したとき同社のトップは「条例違反をしました」「時速60キロ制限の道を67～68キロで走ってもまあいいかと思っていたのは事実」と発言して物議をかもした（朝日新聞平18・1・27夕刊）。だが問題発言はトップだけではない。同社の取締役は「できあがりつつあった建物を実際に見て、不要なので撤去するべきだと判断し、グループの設計会社に別の図面を作るように指示した」と語り、同社の担当者は「改造費が数百万円かかっても、長い目でみれば1室でも健常者用の客室が多かったり、ビジネスコーナーが広い方がもうかるんです」とコメントしている（朝日新聞平18・1・27朝刊）。見事なほど会社全体に一つの「文化体系」が確立していたことがわかる。後に同社のトップは廃材の石膏ボードなどを適正に処理せず、部下に命じて地下室に投棄させた疑いで平成20年10月29日、廃棄物処理法違反容疑で逮捕されている（日本経済新聞平20・10・29夕刊）。負の企業文化の帰結である。

3 「適正な企業文化」と「コンプライアンス」

(1) 「コンプライアンス」の本来の意味

では「適正な企業文化」とは具体的には何か。答えからいえば、適正な企業文化とは「コンプライアンスに合致した文化」である。

「コンプライアンス」は一般に「法令順守」と訳されているが適切ではない。英語の辞書を引くと「コンプライアンス」（Compliance）とは「人の願いなどをすぐ受け入れること。親切」（『英和中辞典』（研究社））とある。もともとコンプライアンスは「コンプライ」（Comply、相手に合わせる）という言葉の派生語なのだから、コンプライアンスは「相手の期待に応えること」と訳すほうが適切といえる。

企業にとって期待に応えるべき「相手」とは、消費者（顧客）、従業員、地域社会、株主など、企業を取り巻く様々な組織、人々である。なかでも、企業として最も重要視すべき「相手」は消費者、顧客だ。したがって、消費者を中心とした企業を取り巻く様々な人々の期待に応えていくこと、それがコンプライアンスだ。

⑵ 個別のコンプライアンス

この「消費者を中心とする人々」を「社会」に置き換えて、コンプライアンスとは「社会の期待に応えること」と言ってもよい。ただし、そのように表現すると「要するに世の中全般を考えていればよいのだ」と大雑把なものになりがちだ。また、「多少の欠陥には目をつぶって販売し続けることが社会の期待だ」ということにもなりかねない。「社会の期待」と一括りにすることは、企業の行動指針としては具体性、明確性に欠ける危険性がある。

基本的にはコンプライアンスとは「相手の期待に応える」ことと捉え、「相手」とは消費者、従業員、地域社会、株主というように個別具体的に考えるほうがよい。「相手」ごとに、「消費者コンプライアンス」「従業員コンプライアンス」「地域社会コンプライアンス」「株主コンプライアンス」と明確に分けて、それぞれ個別に対応を分析、検討するのだ。先の「多少の欠陥品」も販売を継続することの消費者コンプライアンス問題と、微細な事象でリコールして資源を費消してよいのかという社会コンプライアンス問題とを比較衡量をする、その考え方が大切である。

なお、取引先も期待に応えるべき「相手」ではあるが、消費者の立場から見ると特別な考慮が必要だ（本書180頁、267頁）。

(3) 「コンプライアンス＝法令順守」と割り切ることの危険性

「コンプライアンス＝法令順守」と割り切る考え方は根強い。法令に違反すれば直ちに「刑事罰」「行政処分」などの法的問題が浮上するのだから、そこに意識が集中するのも無理はない。

だがリスク回避の観点から見ると「法令順守」で割り切るのは危険だ。いまや行政庁も「消費者を中心とする社会の期待に応える」姿勢を明確にしている。例えば、生命保険会社が「入院費補償保険」に「通院特約」を付加して販売していた例で、「入院給付金」を受取りに来た契約者に対して、通院給付金の請求もできることを案内しなかったことに対して業務改善命令が出されている（平成20年7月）。「法令順守」からすれば監督法令に「附属保険の請求に関する注意喚起義務」といった条項がない限り法令違反にはならない。だが、「相手の期待」に応えるコンプライアンスからすれば、契約者としては附属保険のことを忘れていたとしたら、一言、保険担当者から示唆してもらいたいという「期待」があるのは当然だ。その期待に反したことが改善命令の理由となったと考えてよい。

行政に限らず、民事の裁判所や裁判員制度で大きく変貌している刑事の裁判所も「世間の期待」に無関心であるはずがない。社内研修を行う際にはこうした状況について理解を求めるべきだ。

⑷ コンプライアンスと「法令」

ただし、「コンプライアンスとは相手の期待に応えることだ」と強調すると、今度は社内で「世の中の期待さえ考えていればよいので、法令は気にしないでよい」といった受止め方が出てくるおそれがある。それもまた全くの間違いだ。法令違反があれば刑事罰、民事賠償、行政処分が待ち受けている。またレピュテーショナルリスクとして「法令違反」というレッテルは致命的だ。例えば、欧州や米国では認められているものの日本の食品衛生法では認められていない添加物が食品に混入していた事件（「無認可添加物事件」）は、「違法添加物事件」という見出しのもとに大きく報道され、製造会社は大きなダメージを被った。

コンプライアンスと法令との関係については、ドイツの法哲学者ゲオルグ・イェリネックの**「法令は最低限の道徳だ」**という法格言が明確に位置付けている。「道徳」に反すれば人々、社会からの批判にさらされるが、「法令」に違反した場合は批判どころではなく、国家によって民事・刑事上の厳正な法的制裁が課せられるという整理だ。その意味で法令は道徳の最低レベルを画するものである。ここにいう「道徳」とは社会が求めるものであり、コンプライアンスと同じ意味だと考えてよい。

社内研修を行うときには、この法令とコンプライアンスとの関係（【図表7】参照）について徹底して説明、理解を得ることが望まれる。

4 適正な企業文化と「CSR」

(1)「CSR」の意味

【図表7】 法令とコンプライアンス

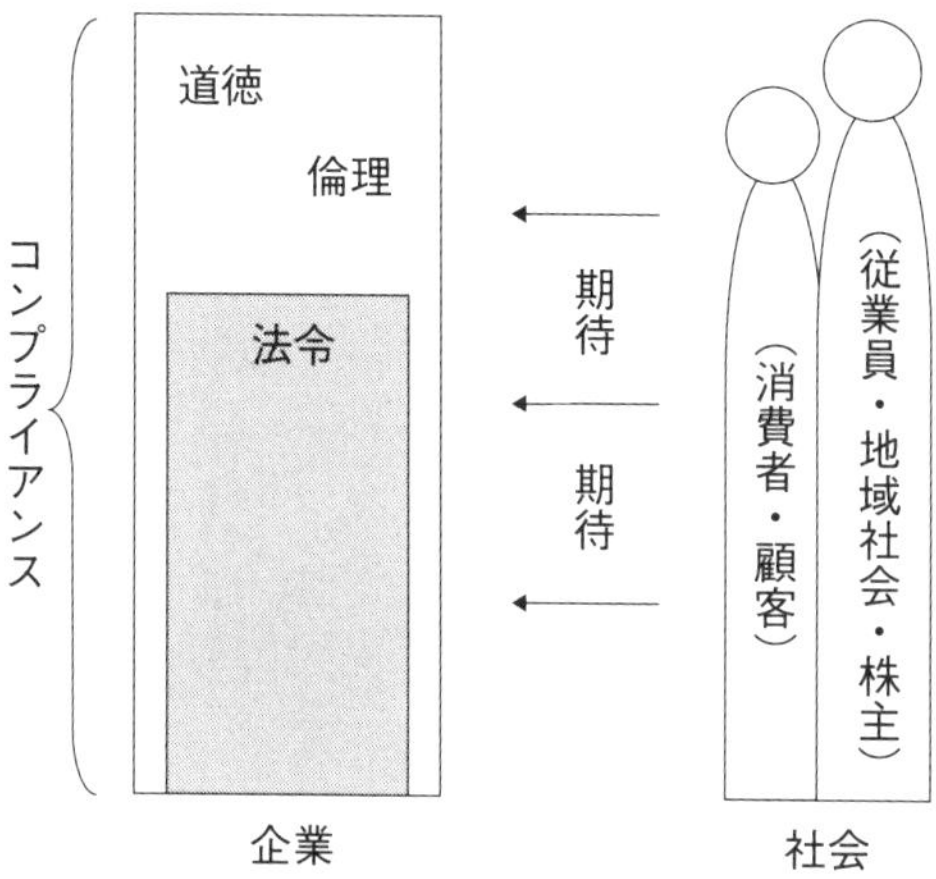

適正な企業文化を構築するために、企業文化と「CSR」との関係も整理しておく必要がある。「CSR」とはコーポレート・ソーシャル・レスポンシビリティ（Corporate Social Responsibility）の頭文字である。この「レスポンシビリティ」という言葉が重要だ。もともと宗教的な儀式で司祭の問いかけに対して信徒が応える「応答歌」を意味する、「レスポンス」（Response）から出た言葉である。信徒に対する神の問いかけは当然「信徒として神の期待に応えているか」ということであり、「応えてい

る」と言える状態が「レスポンシビリティがある」ということだ。とすれば、「CSR」における「レスポンス」は「企業として社会の期待に応える」という意味になる。

(2) 企業に対する「社会の期待」

では、企業に対する社会の期待は何かといえば、それは本書42、43頁に掲載している「生活者の〝企業観〟に関するアンケート」に明らかなように、「商品・サービスの安全・安心」であり、「不測事態における的確な対応」であり、「企業倫理の確立・順守」である。

よく「CSR」とは「環境保全に注力すること」だと思っている方がいる。確かに前掲アンケートを見ても環境保全に対する社会の期待は大きい。だが、それよりも「商品の安全・安心」が毎年、断然トップの位置付けであり、その期待に応えることこそが本来のCSRだということを忘れてはならない。

(3) 「コンプライアンス」と「CSR」

このように見てくると、コンプライアンスも概括すれば「社会の期待に応える」ということで、同じ意味ではないかと思われることと思う。そのとおり。コンプライアンスもCSRも同じ事柄を言っている。

ただ一点「主語」が異なる。「CSR」は社会の側が「その企業は期待に応えられるか」と審

【図表8】 CSRとコンプライアンス

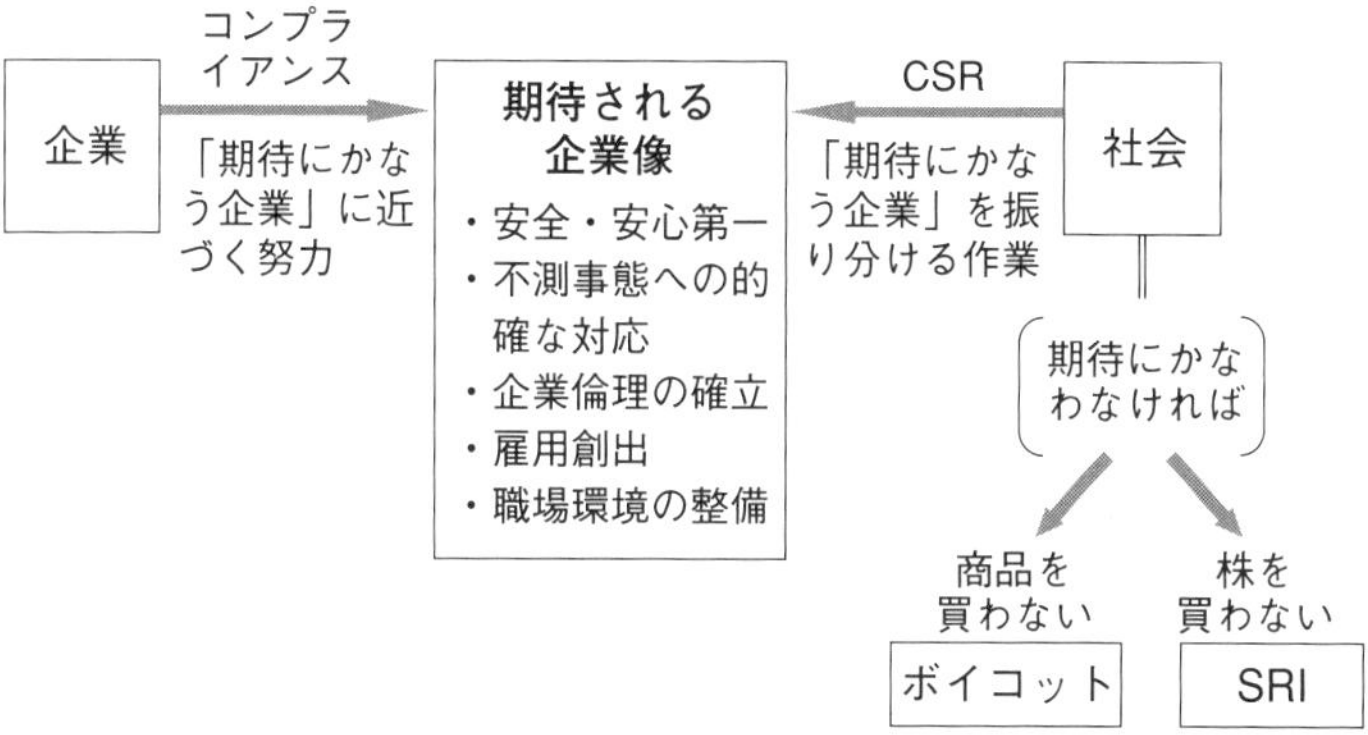

査するものであるのに対して、「コンプライアンス」とは企業側が社会の期待に応えるべく行う努力のことをいう（【図表8】参照）。

「CSR」は企業にとって大変に厳しい。一度「社会の期待にかなわない企業だ」と判定されれば、「商品を買わない」（ボイコット）、「株を買わない」というペナルティが待ち受けているからだ。期待に合致する企業であるかを投資判断の基準とすることをソーシャル・レスポンシブル・インベストメント（SRI）と呼んでいる。

本節のチェックポイント

1	「リスク管理システム」に加え、心への「動機付け」の必要性が認識されている	□
2	「企業文化」の内容が「適正」なものである必要性が社内で認識されている	□
3	本当の意味の「コンプライアンス」について理解がなされている	□
4	「法令は最低限の道徳である」ことにつき理解がなされている	□
5	「CSR」も「適正な企業文化」の内容をなすことにつき理解がなされている	□
6	「コンプライアンス」と「CSR」との関係について理解がなされている	□

第2節 「行動基準」の作成でリスクを避ける

1 「行動基準」を作成する

(1) 行動基準の目的

a 動機付け機能

「企業文化」それ自体は抽象的なものであるから、「行動基準」「行動指針」「企業理念」といったタイトルで、具体的な文章として確定する必要がある。文章化する第一の目的は、全役職員にコンプライアンスに合致した行動を取ってもらうための「動機付け」とすることにある。したがって行動基準は鋭く簡潔な表現とすべきだ。ありふれた言葉を長々と並べただけの「行動基準」では印象に残らないし、実際に人を動かすパワーを持たせることはできない。「標語」「モットー」が人を動かすのは簡潔だからである。例えば、商品のリコールに関して「迷うなら回収!」という標語がある。商品に不具合が生じたときに回収を行うかどうかは、予測される危害の程度・頻度と回収の労力・コストとを考慮して検討される。だが、その結果、迷うようなら回収に踏み切るべきだという意味である。問題に直面している担当者の脳裏にこの標語が浮かべば回収に乗り出すことができ、企業はリスクを回避することができる。行動基準にもこうした標語的な機能を持たせることが必要だ。

b 広報機能

文章化する第二の目的は、行動基準をホームページなどで外部に公表して、自社の企業姿勢を社会に知ってもらうことにある。その企業が何を目指しているかは、開示された行動基準を見て初めて人は知ることができる。筆者は以前、不祥事で揺れていたある会社で行動基準作成の仕事をしたことがある。社内の人々は「世間の人たちは事件のことにしか興味がないので、行動基準なんて見てくれませんよ」と言っていた。が、実際に発表したところ新聞の社会面で大きく報道された。世間は当事者が思っているよりははるかに関心をもって企業を見ているものだ。行動基準の作成担当者は起案段階からこうした広報的な機能、効果について十分に意識しておくことが必要である。

では、どのような行動基準を作成すべきか。以下にそのポイントを整理するが、日本経済団体連合会が発表している「企業行動憲章」(以下「経団連憲章」という)は、項目数、内容、表現の諸点で作成の参考になる(【図表9】参照)。

【図表９】 企業行動憲章（平成22年９月14日改定）

企業行動憲章

―社会の信頼と共感を得るために―

（社）日本経済団体連合会

企業は、公正な競争を通じて付加価値を創出し、雇用を生み出すなど経済社会の発展を担うとともに、広く社会にとって有用な存在でなければならない。そのため企業は、次の10原則に基づき、国の内外において、人権を尊重し、関係法令、国際ルールおよびその精神を遵守しつつ、持続可能な社会の創造に向けて、高い倫理観をもって社会的責任を果たしていく。

1．社会的に有用で安全な商品・サービスを開発、提供し、消費者・顧客の満足と信頼を獲得する。

2．公正、透明、自由な競争ならびに適正な取引を行う。また、政治、行政との健全かつ正常な関係を保つ。

3．株主はもとより、広く社会とのコミュニケーションを行い、企業情報を積極的かつ公正に開示する。また、個人情報・顧客情報をはじめとする各種情報の保護・管理を徹底する。

4．従業員の多様性、人格、個性を尊重するとともに、安全で働きやすい環境を確保し、ゆとりと豊かさを実現する。

5．環境問題への取り組みは人類共通の課題であり、企業の存在と活動に必須の要件として、主体的に行動する。

6．「良き企業市民」として、積極的に社会貢献活動を行う。

7．市民社会の秩序や安全に脅威を与える反社会的勢力および団体とは断固として対決し、関係遮断を徹底する。

8．事業活動のグローバル化に対応し、各国・地域の法律の遵守、人権を含む各種の国際規範の尊重はもとより、文化や慣習、ステークホルダーの関心に配慮した経営を行い、当該国・地域の経済社会の発展に貢献する。

9．経営トップは、本憲章の精神の実現が自らの役割であることを認識し、率先垂範の上、社内ならびにグループ企業にその徹底を図るとともに、取引先にも促す。また、社内外の声を常時把握し、実効ある社内体制を確立する。

10．本憲章に反するような事態が発生したときには、経営トップ自らが問題解決にあたる姿勢を内外に明らかにし、原因究明、再発防止に努める。また、社会への迅速かつ的確な情報の公開と説明責任を遂行し、権限と責任を明確にした上、自らを含めて厳正な処分を行う。

⑵ 行動基準作成のポイント

a 精選された内容であること

行動基準は精選されたものであるべきだ。まず量的な面でいえば項目数は少ないほうがよい。「行動基準100カ条」(!)というのでは到底覚えられないし、動機付けになり得ない。生きた行動規範とするためには、数カ条ないし最大10カ条程度に抑えるのが理想である。各社のホームページをネット検索すると7カ条～10カ条が多い。作成段階では「あれもこれも」と欲張ってしまうものだ。その結果、どうしても項目数が多くなる。それは実際に人を動かす動機付けとするという目的を忘れているからである。細かなことは行動基準の「ガイドライン」とするか、「社内倫理規則」として別途規定すればよい。

次に、内容は「本来の意味のコンプライアンス」(本書55頁)に従ったものとすることが必要だ。企業として期待に応えるべき相手方ごとに、「消費者コンプライアンス」「従業員コンプライアンス」「社会コンプライアンス」「取引先コンプライアンス」「株主コンプライアンス」と、個別に条項を作成していく。そうすれば漏れを防止できる。

b 簡潔、明解であること

役職員に覚えてもらうためには行動基準は簡潔で明解な表現でなければならない。そのためには各条項を「単文」で作成すべきだ。「一つの文章に一つの基準」が原則である。一つの文章に複数の主語・述語の関係が盛り込まれていると焦点がぼけてしまう。

また「…は言うまでもなく」「…と同時に」といった言葉を使って複数の事柄を並べて記載することも避けたほうがよい。例えば広報誌で「私たちは、株主に対してはもちろんのこと、社会に対して情報開示に努めます」といった文章を使う場合を考えよう。この文章では「社会に対する情報開示」しか頭に残らない。「株主に対して」という部分が「社会に対して」の修飾語にすぎないように感じられるからだ。本質的なことを言えば、会社が経営の受託者として株主に対して負っている報告義務に基づく情報開示と、会社が社会的存在として社会に負っている説明責任に基づく情報開示とでは性格が全く異なる。

c 「主語」が役職員であること

行動基準の主語は「私たち」(役職員)であることが望ましい。「コンプライアンス」とは「相手の期待に応える」ことであり、企業にとってのコンプライアンスは、企業として「消費者を中心とする様々な人々の期待に積極的に応えること」である。そうであるなら行動基準も「私たち役職員は様々な方々の期待に応えます」が基本だ。実際、多くの会社の行動基準が主語を「私たち」としている。

なお、主語を「私たち」とすることは、以前は当然のことではなかった。「役職員は…をしてはなりません」として禁止事項を命じる形が多かった。これはコンプライアンスを「法令順守」と理解した上で、「行動基準」も経営側から現場に向けて一方的に発せられるものだと考えられていたからだ。だが、上から命じられたので嫌々ながらコンプライアンスを実践するというのでは、前向きな姿勢を役職員に求めるのは困難である。「企業文化」を醸成することなど到底できるものではない。

d 「意見収集手続」を経ることが理想

行動基準を「真のコンプライアンス」に根ざしたものにするためには、行動基準は全役職員の意識を反映したものとすることが望ましい。役員と担当者は起案者として検討に参加するが、作成に関与しない従業員の意見こそが大切だ。そこで従業員の意見を聴く過程を経ることが望まれる。行動基準の草案をイントラネットなどで社内に公表し、一定の期間を定めて意見を求め、聞くべき意見を取り入れるのである。こうした手続を経て初めて「私たちの行動基準」という意識が芽生える。それが企業文化の確立につながる。

2　行動基準を周知徹底する

(1)　トップの発信による周知徹底

せっかく「行動基準」を作成しても、全役職員に周知徹底されなければ動機付け効果を期待することはできない。周知徹底のために最も大切なのは、トップ（ＣＥＯ）自ら行動基準を発信し、実践することである。社内の人はみなトップの一挙手一投足を見守っている。ルイス・ガースナーはＩＢＭのＣＥＯとなって初めて本社に行く際、ブルーのワイシャツを着て出社した。ところが他の男性経営幹部が全員白いワイシャツだったので後に白いワイシャツを着て行ったところ他の役員全員が色物のシャツだったというエピソードがある（ルイス・Ｖ・ガースナー・Jr『巨象も踊る』39頁（日本経済新聞出版社））。筆者はある会社のコンプライアンス推進役を委託されたとき、多くの社員から「トップは本気ですか?」と何度となく聞かれた。「トップは本気だ！」と示すことは周知徹底の出発点といってよい。

実践方法としては、①行動基準を発表するときはＣＥＯの名で発表し、自らその重要性を語りかけること、②折に触れ社内放送などで信念を述べること、③実際の行動を通じてトップの信念を従業員に見てもらうことが考えられる。ある家電メーカーのトップは若い技術者が従来品と逆の位置にスイッチを設置する案を出したところ「従来品に慣れたユーザーが間違えて事故にあう危険性を考えなかったのか？」と激怒した。こうした話が伝説化することで企業文化が生まれる。

(2) 誓約書など様々な方法による周知・徹底

そのほか、①「行動基準を守ります」という誓約書を全役職員から徴収する、②朝礼などの機会をみて行動基準を全員で読み上げる、③行動基準を定期入れなどに入れられる程度の小さなカードに印刷して配布する、グッズを作成するなど、多くの企業が様々な方法で周知徹底の工夫をしている。太平洋戦争で硫黄島の守備隊司令官であった栗林忠道中将は「敢闘の誓い」という行動基準6項目を定め、全軍に配布し兵士の手帳に記入させ、洞穴、トンネル、トーチカに掲示させたという（梯久美子『散るぞ悲しき』65頁（新潮社））。

✔ 本節のチェックポイント

1	具体的な「企業行動基準」が作成されている	□
2	行動基準は容易に記憶できる程度に精選されたものである	□
3	行動基準の表現は、簡潔、明解なものとなっている	□
4	行動基準の主語は「私たち」になっている	□
5	行動基準の内容は、消費者、従業員、社会、取引先、株主など、それぞれに対するコンプライアンスに従っている	□
6	行動基準の作成過程で従業員の意見を聴取している	□
7	トップ自ら行動基準を社内で発信し、実践している	□
8	誓約書徴収、唱和など様々な方法を工夫して周知徹底している	□

第3節　「実践的研修」でリスクを避ける

1　研修の必要性

「行動基準」を周知徹底するための数々の方策のなかで、中心をなすのが役職員に対する「研修」である。担当者が怪しげな事業者との新規契約を無理してとろうとしているときに上司・先輩が「危い一本の契約より、確かなコンプライアンス」と述べてたしなめるといった、仕事に密着した個別指導も大切だ。だが、こうした「オージェイティー」（ＯＪＴ、on-the-job training）だけではリスク管理の全体像の理解を得られないし、なぜ必要かという掘り下げた理解を得ることも困難だ。そこで、業務とは別に時間をとってリスク管理の必要性、全体像を理解するための研修が必要になる。最近は業務一般に関して「オフジェイティー」（Ｏｆｆ－ＪＴ、off-the-job training）の重要性を指摘する声が高まっている。リスク管理についても同様のことがいえる。

2 研修の必要性を指摘した判例

(1) 企業トップの善管注意義務として

研修の必要性を指摘した判例として、トップが普段から研修を実施する措置を講じていれば、不祥事が起きたとしてもトップの法的責任を否定する要因になるとした決定がある。ゼネコンの営業所副所長が公共工事にからんで贈賄を行い有罪となった。その結果、企業が損害を被ったとして代表訴訟でトップの管理責任が問われた件の担保提供に関するものである。決定は取締役の善管注意義務違反が成立するためには、贈賄について「予測可能性」があったこと、およびこれを「防止する可能性」があったことが必要であるとしている。その上で本件では、①「弁護士を講師として営業活動に関する法律知識について社内研修を実施するなどし」②「(必要に応じ)管理部門や顧問弁護士に相談するように周知徹底」していたことが認められ、そうである以上、本件贈賄が「予測可能であったとすることは困難」として取締役責任を否定したのである（「ゼネコン贈賄担保決定」大阪地決平8・8・28判例時報1597号137頁）。「相談制度」と「研修制度」とを実施していたことで取締役は法的責任を免れることができた。言ってみれば「**研修はトップを救う**」わけで、この決定は経営陣に研修の必要性を理解してもらう際に有力な裏付けとなる。

⑵　組織の履行義務として

さらに、不祥事に対して十分な対応ができなかったのは適切な研修を行っていなかったためであり、そのことが会社の法的責任を認定する要因となるとした判例がある（「銀行支店長セクハラ事件」京都地判平13・3・22判例時報1754号125頁。本書36頁）。事案は、銀行支店長の女性行員に対するセクハラ行為が内部管理を職務とする営業課長に報告された。だが同課長は被害者の「そっとしておいてください」という言葉を受けて1カ月近くも上司に報告せず、被害者が退職するに至ったというものである。裁判所は同課長のセクハラに対する対応は「適切なものではなかった」とした上で、「課長の対応の不適切さは、セクシャル・ハラスメント問題について特別な研修を受けたこともない課長としてはやむを得ないものであって、これは課長個人の問題ではなく、被告銀行全体のセクシャル・ハラスメント問題への取組み姿勢の問題であった」として、十分な研修を行っていなかったことを理由として企業の責任を認めた。具体的な対応の仕方まで含めて研修をしっかりしていれば企業の責任が否定された可能性もあったことになる。「**研修は組織を救う**」ともいえるのである。

3　研修の獲得目標

(1)　行動基準は「世のため、人のため」

研修を行う際の獲得目標は二つある。第一は「行動基準」が持っている「顧客、従業員、社会、株主、取引先のため」という価値観、理念についての理解を得ることである。キーワード的には「コンプライアンスは世のため、人のため」と表現できる。「コンプライアンス」というと、とかく違反事例ばかりが強調される。しかし「コンプライアンス」とは本来は「社会の期待に応えること」という意味であり（本書55頁）、期待に応える「良いことをする」のがコンプライアンスの本義なのだ。

例えば様々なバリエーションを持つ「投資信託」という金融商品を販売する際には、「商品説明」は、相手の年齢、知識、経験、財産状況、投資目的などに応じて丁寧に行うのはコンプライアンス上当然であろう。「自分にぴったりの商品を紹介してほしい」のは顧客の自然な願いだ。進んで「お客さまが経験のない方であれば説明にこうした工夫が必要ですね」といった提案が出てくるようになれば、企業文化醸成の第一歩は踏み出されたといってよい。

「取引締結前には書面を交付する」といったルールも同じように理解できる。単に「金融商品販売法や金融商品取引法で命じられているから説明や書面交付を行うのだ」といった研修では到底、行動基準の理解には至らない。むしろ「法令に従っていればよいのだろう」という文化を生んでしまい、行動基準が目指す企業文化からはかけ離れていく。

「人様のお役に立つこと、これほど愉快なことはありません」とはあるトップ企業創業者の言葉である。顧客の願いに沿った対応をして顧客から感謝されたとき、担当者は最大の喜びを得ることができる。その喜びを企業全体が共有する風土が醸成できれば、それこそが最大のリスク抑止力になる。そうした風土のもとでは商品の説明は必然的に丁寧なものになる。不正、隠蔽、虚偽報告なども起きにくくなる。

(2) 行動基準は「わが身のため」

研修の獲得目標の第二は、行動基準の順守は自分自身を守るために必要なことだと理解してもらうことにある。行動基準は会社の社会的信用を守るために不可欠なことである。が、同時に各役職員自身の人生・生活、ときとして家族を守るために必要なことなのだ。キーワード的には「**コンプライアンスはわが身のため**」と表現できる。コンプライアンスに反した行為を行うと自分自身が想像を絶する制裁を受け、ビジネス人生すら失ってしまうおそれがある。家族も深刻なダメージを受ける。

ある営業担当者は同業者の懇親会に顔を出すように先輩から指示された。行ってみると、なんと受注価格を調整する話し合いが行われていた。彼は呆然としたまま動くこともできずにいた。後日、談合が発覚して彼は検察官からの呼び出しを受けた。彼はコンプライアンス推進室長に「研修で室長が『同業者が集まって価格の話が出たら、コーヒーをこぼして帰って来い』とおっしゃっていましたよね。なぜ、そうできなかったのだろう」と涙ながらに心情を語っていた。コンプライアンス違反の後に待ち受けているのは、刑事立件、逮捕、起訴、有罪判決、民事賠償、社内処分、本人や家族に対する世間の好奇の目、家族の離散といった、日常からは想像できないすさまじい世界である。役職員をそうした事態に遭わせてはならない。そのマインドを得ること、それが研修の第二の獲得目標である。

4　研修は職階ごとに方法を工夫して行う

(1)　研修を職階ごとに行う

研修は「役員」「幹部職」「一般従業員」「アルバイト」など、職階ごとに行う。「役員」であれば、リスク管理やコンプライアンスの理念、役員の法的責任の内容・実態、トップとしての発信の仕方、幹部教育の留意点などが中心となる。「幹部職」であれば理念に加えて、幹部の法的責任、現場の具体的なリス管理の方法、部下の指導方法、役員への報告方法などに力点が置かれる。「一般従業員」であれば理念に加えて、リスク管理マニュアルの具体的な運用留意点、上司への報告の仕方が中心となる。アルバイト等にも一般従業員に準じて研修を行う必要がある。

(2) 研修では「ケーススタディ」を行う

研修の方法は具体的な事例を素材として少数全員参加型で「ケーススタディ」を行うことが望ましい。参加する人々を7、8人ごとの少数グループに分けて、各グループで全員が発言できるようにする。ケースは、自社、同業界、他業界で起きた実例を基にプライバシーに配慮しながら修正して作成する。「**1度起きたら2度起きる**」の法則からすると自社の過去事例が最適であるが、関係者がまだ在籍している場合もあり、配慮が求められる。どういったケースを取り上げるにしても、参加者が「わが部門で明日にも起きそうだ！」と危機感を持ってくれるものとすべきだ。課題は「あなたがグループ長だったらどうする？」といった形で提起しておき、グループごとにわかれて議論を行い、結論、理由を発表してもらう。

グループごとの発表については幹部研修や従業員研修であれば役員が評価を行い、優秀グループは表彰する。役員研修であれば外部講師による講評を行う。

5　実地体験研修

実地に体験しないと体得できない分野もある。「反社会的勢力への対応方法」などはその典型例である。支店にいきなり暴力団員が現れて不当要求を始めたときどう対応するか。対応マニュアルに①毅然と対応、②冷静を保つ、③本部に電話、④弁護士に電話、⑤警察に電話、⑥応答は録音する、⑦できない約束はしない、⑧丁寧に、譲らずなど、素晴らしいことが書いてあっても、実際にできるかは別問題である。

そこで、外部コンサルタントなどに依頼して、暴力団員に扮してもらい支店に押しかけて押し問答をする実演をしてもらうのである。こうした実地研修で、電話しようにも電話の場所が受付カウンターそばなので相手に聞こえてしまい電話できない、所轄警察署の番号がわからない、毅然と対応しようにも声が出ないといった数々の体験をすることができる。

こうした実地体験研修は店舗での顧客対応などには限らない。工場で機械に衣服を巻き込まれたらどれほどの圧倒的な力で引っ張られるかを「疑似体験」する研修などは実際に行われている。メーカーの世界でも次第に重要性が認識されつつある。

【図表10】 研修アンケート例

コンプライアンス研修【アンケート】

日時：○○年○月○日○時～
場所：本社○会議室
講師：○○○○

所属部署＿＿＿＿＿＿＿＿＿＿
氏　　名＿＿＿＿＿＿＿＿＿＿

1　研修内容は理解できましたか。
①大変よく理解できた　②理解できた　③むずかしい

2　研修の感想を2行以内で簡潔に記入してください。
＿＿＿＿＿＿＿＿＿＿＿＿＿＿＿＿＿＿＿＿＿＿＿＿
＿＿＿＿＿＿＿＿＿＿＿＿＿＿＿＿＿＿＿＿＿＿＿＿

6 研修の記録

大切なのは研修を実施したことを確実に記録して保存しておくことである。参加者の感想を1行でもよいから書いてもらうとさらによい。先の「ゼネコン贈賄担保決定」の事案でも取締役は講師を呼んで研修を行っていた記録を裁判所に提出しているはずだ。担当者の不祥事で役員に対する代表訴訟が起こされる事態を想定すると、代表訴訟の消滅時効は「損失発生後10年」であるから、記録の保存期間は10年以上ということになる。しかもこの訴訟は時効完成ギリギリになってから提訴される例が少なくない。となると、かなりの期間が経過した後で裁判所から「研修を実施していたというなら、証拠を出してください」と命じられる場面があり得ることになる。「記録の保存」は重大なリスク管理行為の一つである。

本節のチェックポイント

1	OJTとは別にOff-JTで研修を行う必要性が認識されている	□
2	適正な相談制度、適正な研修の実施は役員の責任を軽減する大きな要素であると認識されている	□
3	適正な研修の実施は組織としての責任を免れる要素になると認識されている	□
4	研修の第１目標は「コンプライアンスは、世のため、人のため」という行動基準の理想を理解することであると認識されている	□
5	研修の第２目標は「コンプライアンスは、わが身のため」であると気付いてもらうことにあると認識されている	□
5	必要に応じて、実地体験型研修も実施している	□
6	研修の記録をとり保存管理している	□

第4節 「人的マネジメント」でリスクを避ける

1 「人的マネジメント」の必要性

(1) 「人的マネジメントの意味」

「**人は魔が差す、ミスをする**」。どんなに実直な人でもふとしたきっかけで「不正」に走ることがある。正確無比に見える人でも「ミス」を犯すことはある。けれども、だから人間はダメなのではなくて、だからこそ人間は魅力的なのだ。だが、リスク管理担当者は「魅力的だ」などと言っていられない。この「魔が差す」「ミスをする」こそが取り組むべき課題である。「魔が差す」「ミスをする」という、きわめて人間的な問題に対処するためには、人そのものに対するマネジメントが不可欠である。これを「人的マネジメント」と呼ぶことができる。

(2) 人は「魔が差す」もの

「魔が差す」点については、犯罪学者ドナルド・R・クレッシー教授の「不正のトライアングル」という研究成果が有名である。教授が横領罪で収監されている受刑者たちに聞取り調査を行ったところ、犯罪を行った理由は、①動機があったこと（借金、過大な業績目標など）、②機会があったこと（誰もチェックしていない状況、見つからずに実行するスキルがあったなど）、③自分の心を正当化できたこと（借りただけで犯罪ではない、皆もやっている、など）の三つであったという（日本公認不正検査士協会編『よくわかる金融機関の不祥事件対策』18頁（金融財政事情研究会）。ジョセフ・T・ウェルズ『企業不正対策ハンドブック―防止と発見―〔第2版〕』6頁以下（第一法規））。

したがって、社内不正というリスクを防止するためには、「動機」「機会」「正当化」の3要素に対処することが必要だ。「動機」への対処では後に述べるように「社内相談制度」の充実が大きな意義を持つ。「機会」を防止するためには2～4に述べる様々な人事管理上の工夫や次節に述べる内部監査の充実で効果をあげることができる。「正当化」への対処は前節（72頁）で述べた「実践的研修」が中心となる。

「ミスをする」への防止策としては、例えばパソコンへの「誤入力防止システム」や危険な操作を防止するフェイルセーフ設計など「物的な工夫」が効果的であるが、ほかに現場で担当者同士が協力してチェックする「ダブルチェック」や注意力の低下を防止するための定期的なリフレッシュといった「執務上の工夫」も必要である。

2　組織上の対策――「フロントオフィス」と「バックオフィス」との分離

不正の「機会」をなくすためには、「起案から承認・実行まで」を一人の人間がすべて行える状況を避けなければならない。誰のチェックも受けないことになり、まさに不正の機会を積極的に提供しているようなものだ。

そこで組織上の対策として、企画、設計、購買、販売などの事業推進部門と、企画設計の安全チェック、購買や販売帳票類の管理などを行う管理部門とを、組織として明確に分離することが望まれる。例えば営業に関する活動についていえば、取引先との交渉や契約締結を担当する「営業部門」（フロントオフィス）と、その取引契約の遂行を管理する「管理部門」（バックオフィス）とを、組織として分離するのである。こうすれば架空取引や危険取引は管理部門のチェックにより阻止することができる。

銀行のニューヨーク支店で米国財務省証券の取引担当者が長年にわたり無断取引を行って銀行に巨額の損失を与えた「銀行海外支店事件」の判決（本書3頁）では、同支店の米国財務省証券取引における管理面においては、昭和61年10月になって初めて、フロントオフィスとバックオフィスとの分離が行われたことが認定されている。分離後はルールが定められた。トレーダー

（フロント）が売買取引の契約を締結したときはバックオフィスに「売買連絡」を行い、これを受けてバックオフィスが勘定を入力し、売買の相手方である証券会社と照合を行い、資金カバーや証券の受渡しを行うというルールである。不正があればその業務過程でチェックがなされるはずであった。

だが残念なことに分離が実施されたのは既に行為者によって5000万ドルから6000万ドルにのぼる不正取引が行われた後であった。

しかも分離が行われた後も、行為者は巧みに管理体制をくぐり抜けて不正を続けている。

3　業務フロー上の対策――手続分散の確保

(1)　手続分散の必要性

業務の分離は組織やルールの面だけではなく、実際の手続の流れの面でも確保されなければならない。「銀行海外支店事件」で行為者は、フロントオフィスとバックオフィスとが分離された後も管理部門に「売買連絡」は行わず、証券会社に頼みこんで照合文書も自分自身に送らせるようにしてバックオフィスの照合を回避して不正行為を続けている。判決も「(行為者が）無断、かつ簿外で財務省証券取引を行うことができたのは、起票、勘定入力、資金カバー及び証券受渡しの指図まで全てを一人で行っていたからである」として業務分散の不徹底が不正を招いたことを指摘している。

(2) 手続分散の形骸化を防止する

手続分散のルールがあっても運用面で形骸化していれば不正の機会をなくすことはできない。ある放送局で番組制作のチーフプロデューサーが架空の番組発注を繰り返して4800万円を放送局から騙し取った「番組制作費詐取事件」(平成16年7月発覚)も手続分散の形骸化が招いた事案である。同放送局のルールでは、番組制作に関して、放送作家らに報酬を支払う際は、番組の経理担当チーフプロデューサーが支払金額を決めてコンピューターに入力し、上司のデスクが内容を点検・承認することになっていた。が、そのルールには「デスクがロケや長期出張などで不在の場合、「代理請求」といって、チーフプロデューサーが自分で決済できる」という「特例」があった。行為者はこの特例を使って、デスクの不在を見計らっては不正行為を行っていた(朝日新聞平16・12・6朝刊)。

細かなことのように思えても、規定を規定どおり励行することがいかに重要であるかを示すケースである。分散ルールの形骸化を放置していると、「不正の誘惑を断ち切れなかったのは会社の管理が不徹底だったからだ」として、妙な「正当性」の心理状態を行為者に与えることにもなりかねない。

4　ダブルチェックの励行

(1)　ダブルチェックの必要性

手続分散の延長として、リスクの高い手続については2人の人間が同時に関与して行う「ダブルチェック」の方法がある。発注書を発行するとき、パソコンに取引指示データを入力するとき、製品の安全性を左右する工程を行うときなど、重要な過程では、必ず2人の人間が関与して行うのである。

最近は取引先へのメールが問題になることが多い。不必要なデータが添付されたままになっていたり、社内のやり取りを消さないまま転送したりすることもあり得る。これらの手続に2人が関与することで「ミス」の確率を大幅に下げることができ、また相互に注意し合うことで不正の「機会」をなくすことができる。

(2)　ダブルチェック実践上の課題

a　チェック者同士の独立性

ダブルチェックの効果をあげるためには、チェック者相互の独立性が保たれていなければならない。ある信用金庫で起きた事案である。多額の借金を抱えていた支店長が4600万円を不正に送金をしようとした。これを見た支店長代理が現金の受入れがないのに行うのかと支店長に確認した。すると、支店長は「お金は3時までには必ず持ってくるので、とりあえず先に送ってくれ」とさらに指示し、結局送金は実施されてしまい不正を防止できなかった（「信金支店長不正送金事件」東京高判平5・6・29金融法務事情1402号30頁）。このように、チェック者の1人がミスや不正を行っているときに他の1人が容易に言い出せない状況ではダブルチェックは機能しない。チェック者が先輩、後輩の関係にあるときも注意が必要である。

b　関与者自身が不正を行っている場合

チェック者自身が不正行為者である場合は、ダブルチェックは機能しない。ダブルチェックといえども過信は禁物である。平成3年9月、銀行のある支店で偽の「預金証書」を51枚も発行し、これを元に複数のノンバンクに巨額の融資を行わせた疑いで銀行の担当者が詐欺容疑で逮捕された（「預金証書不正融資事件」）。同銀行では「預金証書を発行する際は管理職が2人以上で立ち会う」としてダブルチェックのルールが定められていた。けれども、不幸なことに当のチェック者である渉外課長と課長代理とが共謀して不正を働いていたため（朝日新聞平3・9・12朝刊）、ダブルチェックは機能する余地がなかった。

c　リストラとダブルチェック

1人で済むところを2人で行うのであるから、ダブルチェックはそれだけの人員と手間を要する。必然的に経営コストは上がり、事務効率も低下することが考えられる。とくに低成長の経済環境下ではリストラを行う必要もあり、ダブルチェックをについては消極的になりがちである。

ある病院は不妊治療中の女性に別の患者の受精卵を移植した疑いが強いと発表した（「移植取り違え事件」読売新聞平21・2・20朝刊）。理由として病院は「経費抑制でダブルチェックができず、一人作業が増大していたこと」を挙げている（朝日新聞平21・2・22朝刊）。確かにダブルチェックは人的コストもかかり、事務効率も影響を受ける可能性がある。しかし、対象となる手続で不正、ミスが起きたときのダメージについても十分に考慮すべきである。現に前記の病院は約2000万円の損害賠償請求の訴訟を提起されている。ダブルチェックの実施に際しては、こうしたコストやリスクを総合的、かつ慎重に考える必要がある。安易なダブルチェックの省略は行うべきではない。

5 「社内相談制度」の整備と留意点

(1) 必要性

社内不正を防止するために欠かせないのは「社内相談制度」である。社員の日常の悩みごとに関する相談を受ける制度で、「動機」「機会」「正当化」という「不正の3要素」のうちの「動機」を解消する効果が期待できる。平成15年、暴力団員が信販会社に対して「個人情報が流出している。公表されるとマイナスになる。そうならない方法もあるぞ」と脅して口止め料を要求した事件が発覚した（「信販名簿脅迫事件」）。報道によれば個人情報が流出したいきさつは、同社の支店長代理が両親の介護のために生じた借金に悩んでいたところ、暴力団員がその減額交渉を手伝ったあげく「顧客データを渡さないと減額した借金を復活させる」と迫って名簿を得たというものであった（毎日新聞平15・3・6朝刊）。

支店長代理が借金で苦しんでいることに会社側が早期に気付いていれば、社内融資制度の利用を勧めるなど、何らかの方法で支店長代理の窮状を救えたはずである。そうすれば社内不正も名簿流出も防ぐことができた。何より支店長代理が犯罪行為に陥ることを防止できた。

筆者が担当した「技術情報漏洩事件」は、発注担当者が、妻が重病で入院費がかさんで困っているところへ、外注先から「設計図のコピーを渡してくれるなら力になりましょう」と持ち掛けられ、不安におののきながらも図面を渡し始めたというのが発端であった。会社側が発注担当者の状況を知っていたら犯罪を防ぐことができたと思われる。

(2) 留意点

そこで「社内相談制度」を設けて社員の「よろず困りごと」について相談に応じる態勢を整えることが望まれる。その際、最も留意すべきは相談員の守秘義務である。「困りごと」のなかには社員のプライバシーに関連する問題が少なくない。社員に安心して利用してもらうためには社内規則で相談員は厳重な守秘義務を負うことを明確に規定しておくことが必要だ。そうすれば、上司も部下が落ち着かず不安そうな態度を続けるときに「相談室にいってきたらどうだ」と勧めることができる。また「困りごと」が金銭面に関する場合は「社内融資制度」の利用を勧められる態勢、精神面に関する場合には産業医への相談を勧められる態勢など、バックアップ体制の整備も必要である。

さらに弁護士を紹介する仕組みも確立しておくことが望ましい。前記の「信販名簿脅迫事件」では個人の借入れについて暴力団員が減額の手助けをして、しかも脅しのネタにしている。「困りごと」に対処するためには社員が個人として弁護士に依頼することが必要となる場面も出てくる。会社と社員との利害が対立することもあり得るため会社の顧問弁護士が相談を受けることは困難だ。そこで顧問弁護士を通じて他の弁護士を紹介するなど、あらかじめ紹介ルートを確立しておくことが求められる。

6 出退勤記録のチェック

(1) 必要性

過去の事例を見ると、不正行為は他の同僚が退社した後を見計らって事務所で行われていたケースが多い。「銀行海外支店事件」では行為者自身が米国の従業員が5時には退社するなかで毎日11時過ぎに帰宅するほど遅くまで残業していたと述べている（井口俊英『告白』１３６頁（文藝春秋））。最近証券会社で発生したインサイダー取引事件でも行為者は遅くまで残業していることが多かったと伝えられる。パスワードを悪用して通常の社員にはアクセスが禁止されている情報を閲覧して不正取引に使えそうな情報を物色していたものと推測される。残業ではないが、過去の顧客名簿漏洩事件では行為者が休日出勤を重ねて名簿のコピーを作成していたケースもあった。事件発覚後、上司は「行為者が仕事の面白さに目覚めたのだと喜んでいたら、情報を盗んでいたんですね」と苦々しく語っていた。

⑵ 方法

多くの企業では「出退勤管理ソフト」を導入している。その目的は残業代の確認など給与計算や過労防止のための就業管理にあるが、リスク管理の面から見れば「不審な残業」「不審な休日出勤」をチェックするためのツールともいえる。リスク管理担当者は定期的に出退勤記録を閲覧し、作業目的の説明がつかない残業や休日出勤をチェックすることが必要である。

また、パソコンの起動、終了（シャットダウン）の状況を確認することや、社屋や重要情報取扱い室の出入口にビデオカメラを設置して入退室の状況を記録、確認することも不正行為の防止に効果がある。記録は事件発生後の調査でも必要で、例えばインサイダー取引事件が発生したときなどに調査当局から「社内の情報管理体制」確認のためビデオの提出を求められることがある。

7 休暇の取得要請

⑴ 必要性

不正行為を行っている行為者は休暇を取ることができない。自分が休んでいる間に不正が発覚するかもしれないからである。「銀行海外支店事件」は行為者が昭和59年から平成7年にかけて不正を行っていた事件であるが、事件を担当したFBI特別捜査官は「米国では不正発見のため、すべての行員に年1回、2週間の休暇を義務付けているが、行為者は12年間一度も休暇をとっていなかった」と述べている（東京新聞平7・2・27朝刊）。

「休むわけにはいかない」という心理状態について、同行為者が無権限で行った米国債取引の決済日にたまたま、大洪水が起きて出社が困難となったときのエピソードが生々しい。「私の住んでいたニュージャージーのリンカンパークというところで大洪水が発生し…私はこの日、米国債取引で1億5000万ドルの決済をすることになっていた。…決済しないわけにはゆかない。私がオフィスに居なければ、他の人間が業者からの電話をとり、無断取引が全て露見してしまう。とにかく業者に電話をせねばと子供のゴムボートに乗り、町外れの公衆電話まで無我夢中で漕いだ。業者に事情を話し、決済を一日延期してくれと頼みこんだ。…危機一髪だった」（井口・前掲137頁）。

また、別の、証券取引担当者が暴力団幹部から資金を預かり、業務とは別に会社に隠れて運用していたというケースでは、たまたま行為者が休んだ日に暴力団幹部から損が出ていることへの怒りの電話があり、隣席の同僚が代わりに電話を取って怒鳴られたことから事件が発覚している。

(2) 方　法

そこで「指定休暇」として、社員に1週間程度の休暇を連続して取るように要請することが望まれる。例えば金融庁の定める「主要行等向けの総合的な監督指針」(同Ⅲ−3−6−2(4))では、「年1回以上、1週間以上の連続休暇を取得させているか」が金融機関を監督する際の着眼点とされている。

大事なことは、当該従業員が休暇中はその業務を他の人が代わって行うことである。「担当者が休暇中はその業務も休止」というのでは不正の発見に役立つことはなく、無意味になってしまう。

有給休暇の時期について会社は、事業の正常な運営上必要な場合は従業員の要望について変更を求めることができる。また、労使協定がある場合は5日を超える部分について会社の定める時期に与えることができる(労働基準法39条5項・6項)。

8 定期的な人事異動

(1) 必 要 性

a 仕事の独占を防ぐ

不正を防止するためには定期的な人事異動が必要だ。長年、同一人が同一の業務を担当していると「この仕事はあの人しかわからない」という状況が生まれてくる。不正の温床となりやすい。あるメーカーに毎年人事異動の季節になると「私はこの仕事が気に入っているので、どうしても動きたくない」と懇願し、異動を避ける発注担当者がいた。会社も「よほどその仕事が好きなのだ」と解釈して異動をさせなかった。ところが、あるとき取引先からの問合せで発注担当者が「架空発注先」を創り上げ、会社の資金を送金させて横領に励んでいた事実が発覚した。その担当者が一部の取引先に関する発注事務をすべて取り仕切っていたので周囲の誰も不正に気付かなかったのだ。「だから好きだったのか」とは監査部担当者の言である。

b 取引先との癒着を防ぐ

また、同一の担当者が長期間、同じ取引先を担当し続けると取引先との癒着を生じやすい。取引先とすっかり親しくなり、家族にまで贈り物をさせる仲となり、発注価格を上乗せしていた実例がある。

(2) 方　法

a　定期的な人事異動

こうした状況を避けるためには定期的に人事異動を行うことが必要である。上に掲げた「主要行等向けの総合的な監督指針」（同Ⅲ－3－6－2(4)）でも「人事管理に当たっては、事故防止等の観点から職員を長期間にわたり同一業務に従事させることなくローテーションを確保するよう配慮されているか」が金融機関を監督する際の着眼点とされている。

b　異動時の引継ぎ

留意すべきは異動が行われた際は事務引継ぎを確実に行い、従来の業務を引きずらないことである。ある金融機関の支店担当者が顧客と長年付き合いを重ねた結果、不正取引に陥っていたが他店に配置換えになった後も「とくに」と申し出て当該顧客の担当を例外的に続けていた事案がある。発覚を恐れて顧客担当を継続したまま他店に異動となったわけで、こうした状況があると不正は発覚されにくくなる。

☑ 本節のチェックポイント

1	フロントオフィスとバックオフィスとが組織的に分離されている	□
2	業務手続が複数担当者に分散されている	□
3	業務手続の分散化が形骸化していない	□
4	重要な手続ではダブルチェックが実行されている	□
5	ダブルチェックのチェック者間で独立性が保たれている	□
6	コスト・事務効率も考慮するが、安易にダブルチェックの省略は行っていない	□
7	社員のよろず相談に応じられる「社内相談制度」が整備されている	□
8	社内相談の担当者は守秘義務を負うことが内規で定められている	□
9	社内融資制度、産業医など社内相談バックアップ体制が整備されている	□
10	出退勤の管理で不審な残業、不審な休日出勤がチェックされている	□
11	指定休暇制度が整備されている	□
12	定期的な人事異動が行われている	□

第5節 「内部監査」でリスクを避ける

1 内部監査の目的は三つ

(1) 不適切事象の発見

リスク管理体制を整備する上で内部監査を充実させることは最重要事項の一つである。リスク管理上問題のある「不適切事象」を発見して改善への道を開くことは、企業価値を維持し、生き残っていくために欠かすことのできない作業といえる。一行員の行為により11億ドル（1995年の年平均相場で換算すると約1035億円）という巨額損失が発生した「銀行海外支店事件」（本書3頁）で裁判所は、行為者が起票から証券受渡しまですべてを1人で行っていた「業務分散の不徹底」という組織上の問題と並んで、「(内部) 検査方法の不適切さ」を指摘している。不適切事象を早期に発見できる充実した内部監査体制を整えられるか否かに企業の存続がかかっている。「不適切事象の発見」は内部監査の第一の目的である。

(2) 不適切行為の牽制

内部監査には第二の目的がある。不適切行為に対する「牽制」である。クレッシー教授が「不正のトライアングル」で指摘したように（本書82頁）、「誰もチェックしていない状況」は不正行為の「機会」を与えることになる。「チェックの甘い状況」でも同様である。社内全体に「適切な監査が実施されている」と知れ渡ることで全員に対して、「不適切行為は必ず発覚する」との警告が与えられる。こうした一般予防効果も内部監査の大きな目的の一つである。

ある取引担当者が会社の設定した限度額を超える莫大な損失を出した。それにもかかわらず行為者は損失を報告せず簿外としたままでいたところに内部監査が入った。そのときの心理状態について行為者は、「コンタクトレンズでも探しているような目で、提出資料に見入るオーディターの顔をうかがいながら、今回はかなり難しいなと思った」と表現している（井口俊英『告白』201頁（文藝春秋））。こうした行為者の心情を知ると、内部監査の実施が不正防止にいかに役立っているかを実感できる。

リスク管理担当者はこのような「牽制効果」を十分に意識すべきだ。監査計画や具体的監査方法を考える際にも「牽制効果を発揮するためには、どのような計画、方法がよいか」という視点から考える発想を持つことが必要である。そのことが内部監査の充実につながる。

(3) 改善提言

内部監査にはもう一つ目的がある。不適切事象を改善するための諸施策を会社に提言することである。提言はさらに二つに分けられる。一つは、発見した不適切事象そのものを直接に改善する提言である。例えば、「受注内容を入力する際にはダブルチェックを行うこと」と義務付けられているのに、監査した結果全く実施されていないことが発覚したとする。その場合は当該部署の長に対して「所見」として事実を伝えて「改善案」を示す。さらに他の部署でも同様にチェックの怠りがありそうだというときは、念のため全部署に対してダブルチェックの実施状況を再確認する社内通達を出す。これが改善に向けた作業であり、内部監査の重要な仕事の一つである。

副次的な効果として、内部監査がルール自体を見直す契機となることもある。「取引担当者は受注項目について直属の上司によるチェックを受ける」というルールであったとする。ところが、監査でヒアリングしたところ、現場からは「直属の上司は顧客訪問などで不在がちで、いちいちチェックを受けるのはとうてい無理だ」という声が相次ぐのであれば、ルール自体の見直しを検討する必要性に気付く。ダブルチェックの目的は2人の人間が入力に関与することによってミスや不正を防止することにある。だとすればもう1人のチェック者は必ずしも直属の上司である必要はない。そう考えるとルールも「他の営業担当者のチェックを受ける」と改正してもよいはずで、そのほうが実際に履行される可能性がはるかに高くなる。きわめて現実的な「気付き」である。こうした気付きに基づいて、会社の定めたルールそのものについて「見直し提言」を行うことも内部監査の大切な業務である。

(4) 検査と監査

言葉の定義の問題であるが、「検査」とは社内規則に基づく一定の基準に照らして実務がそのとおりに行われているかを確認する作業である。

これに対して「監査」とは、改善に関する提言まで行うことをいう。前記(1)(2)が検査であり、(3)を加えたものが監査である。

2 内部監査体制の状況は各種報告書の記載事項である

(1) 事業報告

なお、内部監査体制の整備状況はコーポレート・ガバナンスに関連する各種報告書の記載事項でもある。まず、すべての株式会社は会社の規定により「事業報告」を株主に交付することになっている。そのなかの「業務の適正確保に関する体制」の内容として内部監査や監査役による監査の状況が記載される（会社法362条4項6号、同法施行規則100条1項、118条2号）。

(2) 有価証券報告書

また、有価証券報告書を提出している会社（以下「有報会社」という）は金融商品取引法などの規定により「コーポレート・ガバナンスの状況」を記載することになっている。そこには内部監査や監査役の組織、人員、手続について記載することになっている（金融商品取引法24条、企業内容等の開示に関する府令）。

(3) 内部統制報告書

さらに、有報会社は「財務計算に関する情報」については、その適正さを保つための体制について評価した上で「内部統制報告書」を作成することになっている。内部統制の整備、運用に際して準拠した基準の名称が記載事項として挙げられている（金融商品取引法24条の4の4、財務計算に関する書類その他の情報の適正性を確保するための体制に関する内閣府令）。

(4) コーポレート・ガバナンスに関する報告書

上場会社は「コーポレート・ガバナンスに関する報告書」を作成して証券取引所のホームページに開示することが義務付けられている。そのなかには監査役による監査とともに内部監査の組織、人員、実施状況などが記載される。

(5) 報告書記載と内部監査の基本姿勢

留意すべきは、当然のことながら、これら各種報告書の記載事項だから内部監査体制を整備するのではなく、リスク管理に役立つ実効的な内部監査体制の整備を目標として様々な企業努力を実際に行うことが基本であり、報告書にはその結果を記載するのだということである。報告書を作成する段になって「監査室の独立性はどうであったか」と確認するのでは話が逆であり、日常から独立性の確保を心がけ実践していなければならない。

3 内部監査と監査役監査との違い

「内部監査」と「監査役による監査」との違いは明確に認識しておく必要がある。「内部監査」とは執行部門のトップである社長が決定した方針とルールに従って現場がそのとおり動いているかを確認するものである。内部監査部門に対して業務を委託しているのは社長であり、監査対象は従業員が中心になる。

これに対して「監査役による監査」は「取締役の職務執行を監査する」と規定されているとおり(会社法381条1項)、取締役会の決議状況や社長など業務を執行する取締役の執務状況を監査することが目的である。監査役に対して業務を委託しているのは株主であり、監査対象も取締

【図表11】 内部監査と監査役監査との違い

	委託者	監査対象者	監査内容
監査役による監査	株　主	取締役会、取締役が中心	取締役の行為は法令定款に合致しているか
内部監査	社　長	従業員が中心	現場の運営は、社長が決定した方針とルールに合致しているか

役が中心となる。従業員に対する監査も行われるが、あくまで「取締役の職務執行が現場でどのように具体化されているか」を見るのである。

理解のために、「内部監査」と「監査役監査」との違いを極端な例で表現する。例えば社長が決定した「営業マニュアル」が法令上グレーな場合であっても、内部監査は現場がそのグレーな「営業マニュアル」に従って営業活動をしているかを確認するのである。これに対して監査役監査は、社長がグレーな営業方針を定めたことの問題点を監査する。

図式的に整理すると【図表11】のとおりだが、現在では「コンプライアンス経営」が厳しく求められており、社長が決定するルールがグレーであること自体、社会的には許されない。したがって内部監査部門は、監査結果を社長ばかりではなく監査役に対しても報告することが望ましい。社長を中心とする執行部が「コンプライアンス経営」を表明し、実践している限り、内部監査と監査役監査との基本的な方向は一致するはずだ。

4　内部監査の組織

(1)　位置付けと独立性

組織上、内部監査の担当部署は社長直属とすべきである。内部監査の目的が現場は社長が決定した方針とルールに従って業務運営を行っているかを確認することにある以上、これは当然のことである。

また、社長直属とすることによって各事業部門や支店・営業所のトップらによる干渉を排除することができる。これが監査部門の「独立性」である。監査結果の報告先も社長である。

(2)　監査役との連携

内部監査部門は定期的に監査役に報告を行い、監査役と協議することが望まれる。内部監査の結果「どうも部長クラス、場合により役員クラスも不適切行為に関与しているのではないか」という心証を得た場合など、社長に報告するだけでは迅速、的確な対応が期待できないこともあり得る。そこで社内ルールとして「監査部は定期的に監査状況を監査役（会）に報告し、内部監査の進め方に関する協議を行う」と定めておくべきである。社長としても「監査役も報告を受けている」となれば対応を先延ばしすることはできなくなる。

監査役にとっても「取締役の職務執行」が現場レベルでも適正さを保って実践されていることを確認できるため、監査部門との協議は歓迎すべきことである。

5 内部監査の目的に関する理解

内部監査を充実させる上できわめて重要なことは、全役職員が内部監査の目的、重要性を十分に理解していることである。社内の理解が不十分なようでは、資料の提出一つにしても円滑な協力が得られず、内部監査の充実を期待することはできない。かつてある企業のホットラインに「監査部は横暴だ。反省してほしい」とのクレームが寄せられたことがある。これでは内部監査の充実は困難である。


1に述べたとおり、内部監査の目的は、不適切事象を発見し、改善の糸口とすることで企業の存続を図ることにある。「企業の存続」は顧客、株主、取引先などにとって重要なことであるが、ぜひとも全役職員、およびその家族のために必要なことである。こうした内部監査の目的を全役職員が心の底から理解したとき、初めて充実した内部監査が可能になる。

また、内部監査部門の担当者自身も「企業改善」という目的を常に明確に意識しておく必要がある。ある企業では不正経理が発覚したとき内部監査担当者が「ここまできたら、必ず行為者に白状させてやる」と力んでいたという。そうした内部監査担当者の熱意は十分に理解できるし、監査の充実のために徹底した「事実の確認」は必要なことではある。しかし、内部監査の目的は「不正経理を生むような経理体制を改善すること」にある。「不正経理の犯人を探すこと」自体が目的ではない。内部監査部門は「社内警察」ではなく、企業改善のミッションを担う最前線組織なのだ。監査を進めるにあたって担当者は常にこのことを銘記しておく必要がある。

6 「監査計画」を作成する

(1) 監査計画の必要性

内部監査を実施するに際しては、具体的な進め方に関する「監査計画」を作成する必要がある。「監査計画」とは①監査対象となる部署、②監査対象となる項目（経理、業務フロー管理、システム管理、個人情報の管理など）、③監査日程（予備調査、監査の実施、報告書作成などの予定）、④監査担当者の分担、⑤監査対象部署に求める資料、応対者に関する要望事項などを記載した計画書である。

監査計画を作成することで、内部監査部門は、複数の担当者が同一項目を監査するような重複を避けるなど、監査業務を効率よく進めることができる。また、監査部門を統括する社長に事前に監査計画を提示しておけば、経営陣としても監査内容を知ることができ、必要に応じて付加的な要望事項を指示することもできる。さらに監査役に対して監査計画を事前提示しておくことで、監査役監査との連携をより円滑に進める効果を期待できる。

(2) 「リスクアプローチ」

a リスクアプローチの意義

監査計画で監査対象となる事項を絞り込む際、優先順位を付ける必要がある。リスクが予想されるすべての事項について、すべての部署を満遍なく監査することは不可能である。統計によれば従業員1000〜2000名の企業では6割強の会社が内部監査担当者（専任）は4名以内なのだ（【図表12】）。内部監査部門のマンパワーは限られている。そうした制約のなかで、リスク管理上の不適切事象を発見すること、不適切行為への牽制が目的だとすれば、それらの効果を上げるという観点から対象部署、対象事項を実践的に限定することが求められる。

その際、役立つのが「リスクマップ」である（本書7頁）。リスクマップで発生頻度、シリアス度とも上位に位置する事項から監査を実施するのである。このような手法は「リスクアプローチ」と呼ばれ、最近の内部監査手法で多く用いられている。

【図表12】　内部監査担当部門の人員数（専任）―従業員数別

従業員数＼人員数	～4名		5名～9名		10名～		会社数合計
	会社数	%	会社数	%	会社数	%	
500名以下	609	90.0	59	8.7	8	1.1	676
501名～1,000名	252	76.1	60	18.1	19	5.7	331
1,001名～2,000名	182	65.2	69	24.8	28	10.1	279
2,001名～3,000名	65	48.2	35	25.9	35	25.8	135
3,001名～5,000名	32	26.4	38	31.4	51	42.2	121
5,001名～10,000名	28	28.9	22	22.8	47	48.5	97
10,001名～30,000名	12	15.2	24	30.5	43	54.4	79
30,001名～100,000名	1	6.3	1	6.3	14	87.6	16
100,001名以上	―	―	―	―	10	100.0	10
合　計	1,181	67.7	308	17.6	255	14.6	1,744

（注）　日本内部監査協会による第17回監査総合実態調査結果（調査期間：2010年7月21日～同年8月31日、有効回答数：2042社）をまとめた『2010年監査白書』16頁〈第11表〉を筆者が加工したものである。なお、加工にあたっては出典記載の小計を合計しているため、値に若干の誤差がある。

b　サンプリングの併用

ただし、リスクアプローチにも「落とし穴」がある。目立たない事業所で平凡に行われている不適切事象が監査対象から外れてしまうのである。ある企業グループでほとんど休眠同様であった関連会社でコツコツと不正行為が行われていたのに、長い間、発見されなかった事例がある。

そこで、リスクアプローチを採用する一方で、小規模でリスクに縁遠いと見える部署の監査もサンプリング的に行う方法を併用することが理想である。

⑶ グループ監査

監査計画ではグループ会社に対する監査も予定に入れる必要がある。企業が生き延びていくためには、いまや単体のリスク管理だけでは足りず、「グループリスク管理」が求められる時代である。そのためにはグループの中心となる基幹会社とグループ各社との間で、「内部管理支援契約」といった契約を締結しておき、基幹会社の内部監査部門がグループ各社の監査を実施できる体制を整備しておく必要がある。さもないと、基幹会社がどうしてもグループ会社を監査する必要が生じた場合で、しかもグループ会社の協力が得られないときは、帳簿閲覧権（会社法433条1項）など「株主権」に基づく法的権限を発動するという事態になってしまう。それではグループの協調体制を築くことは困難であり、円滑な監査も望めない。

7 「抜打ち監査」の実施

⑴ 抜打ち監査の必要性

監査を行う際は、「監査実施通知」などの形で、監査項目、監査日程、職務上、監査への対応が予定される対応予定者などを現場に事前に予告してから行うのが通常である。予告することによって、現場は資料を整理したり、対応予定者の日程を調節したりするなど、応対の準備をしておくことができ、効率的な監査を実施することができる。

だが、例外的に、全く予告なく行う「抜打ち監査」も必要である。資料の改竄や関係者への口封じなどの「証拠隠滅」を防止するためである。実際、「支店で深刻なパワハラが進行中」とのホットライン報告を受けてヒアリングを実施したところ、支店関係者全員が「風通しのよい職場で何の問題もありません」と口をそろえて答えたといった事例は珍しくない。

「銀行海外支店事件」（本書3頁）で裁判所が認定したところによると、銀行の検査部は「基準日」を設定して検査対象となる支店が取引の裏付けとなる資料をあらかじめ取り寄せておくようにしていた。そのため行為者は無断売却の事実がないように関連資料を作り替えることができたという。この点について、行為者自身が「米国債の…再預託先であるバンカーズトラストの発行する残高書の一部を消しゴムで消して、あるべき数字に書き換えた」と述べている（井口俊英『告白』152頁（文藝春秋））。

予告監査とは別に適宜「抜打ち監査」を行うことは、証拠隠滅を防止するために大きな効果がある。また、「ときどき、予告なしに監査が行われるらしい」という認識が現場に広まることで、牽制効果も期待できる。

(2) 抜打ち監査の留意点

抜打ち監査を行う場合は、監査の実施予定を現場に悟られないことが肝要だ。現場が「今日あたり来ると思っていました」というのでは話にならない。ある朝、支店担当者が通常どおり出勤したときに、支店のシャッター前で監査担当者が待ち受けていたというのが抜打ち監査である。「銀行海外支店事件」の行為者によると、「支店長は…検査が入りそうな時期になると、航空会社に…銀行（筆者注：勤務先）の団体が予約を入れていないかを確認させていた」という（井口・前掲152頁）。監査予定が漏れると「不祥事の隠蔽」というシリアスな事態に発展するおそれが出てくる。そこまで至らずとも、軽微な事務ミスをつくろっておくなどの不適切行為を誘発することが予測される。そうなると事業所の運営実態を正確に把握できなくなる。抜打ち監査の実施には水も漏らさない情報管理が求められる。

8 「裏取り調査」の実施

(1) 「裏取り調査」の必要性

取引行為に関する監査で必要なのは、取引先から裏付けを取る「裏取り調査」の実施である。

放送局のチーフプロデューサーが、実際には製作していない番組の制作費名目で会社の金を騙し取った「番組制作費詐取事件」では上司が行うべき決済を行為者自身が行っていたことが発覚遅延の原因の一つであった（本書86頁）。監査手続で、番組制作を委託している先に、「本当に制作を受注していますか？」と確認することで容易に早期発見ができたはずである。

「銀行海外支店事件」で裁判所が「検査方法が著しく適切さを欠いていた」と指摘した（本書99頁）のは、この裏取り調査のことであった。行為者は顧客の資金を「米国債に適切に投資している」と報告していたが、実際は、限度額を超えて行った取引による損失を埋めるために、顧客にも支店にも無断で米国債を売却してしまっていた。そのため、買い付けた米国債を預けているはずのバンカーズトラストでは「預かり残高」は「ゼロ」となっていた。予告監査のみであったため行為者がバンカーズトラストの「預かり残高表」を「あるべき数字」に書き換えることができたのは前述のとおりである。裁判所は、検査の在り方として、「現金と帳簿の金額とを照合するように、証券の現物と帳簿上の記載とを照合すべきである。証券が預託されているなら、預託先に直接、保管残高の照会を行うべきである」とし、「それにもかかわらず…行為者に預託先から残高証明書を入手させ…行為者に改ざんする機会を与えた」ことが検査方法として著しく不適切であったと指摘したのである。この点が「銀行海外支店事件」の大阪地判平12・9・20（判例時報1721号3頁）で銀行役員側が敗訴する決定的な要因となっている。そのことを考えると、裏取り調査はきわめて重要な課題といわなければならない。

(2) 裏取り調査の実施方法

「裏取り調査」はすべての取引先に実施する必要はなく、重要取引先、新規取引先、その他ランダムに抽出した取引先に適宜、実施すれば足りる。いわゆる「サンプリング調査」でよい。「銀行海外支店事件」が問題となった当時、「すべての取引先にいちいち確認して回るなんて、到底、無理ですよ」という声がとくに金融関係者の間から聞かれた。しかし、監査の目的の一つである「牽制効果」を上げるためには必ずしもすべての取引先に「悉皆（しっかい）的」に行う必要はない。「サンプリング的にではあるが、取引先にまで裏取りをするそうだ」という現場の受止め方が大切なのである。

9 「監査に聖域なし」

(1) 監査に「聖域」を設けることの危険性

監査に「聖域」を設けるべきではない。監査が行われない部署があると、そこは不正の温床となり、時間が経過するにつれて会社全体に深刻なダメージを与える事象の発火点となる。ある会社が総会屋に対して長年にわたり金銭を提供していた事実が発覚した。公訴時効の関係から「利益供与罪」で起訴されたのは3年分だけであったが、その前から総務部を窓口とした「顧問契約」が締結されており、顧問料名目で金銭を支払う関係は10年以上も続いていたという（「信販利益供与事件」日本経済新聞平14・11・17朝刊）。その背景事情について同社の関係者は「総務部には業務監査は入らなかった」と述べている（日本経済新聞平15・2・4夕刊）。

監査の入らない部署から企業の滅亡が始まる。

(2) 聖域に突き当たった際の対処方法

監査部門はすべての部署を監査対象とすべきであり、例外を設けてはならない。だが、それでも監査を推進するに際して「この部署、この事項は監査しないでよいから…」と、圧力をかけられることや、事実上、監査を拒絶されることが皆無とはいえない。そうした場合は直ちに社長に報告すべきだ。社長直属の組織である内部監査部門の監査を拒絶する以上、その動きの背景には役員や強力な発言権を持つ幹部が存在していることが考えられる。

稀有なケースとして社長自身が関与していることが想定される場合もあり得る。そのときは、取締役を監査することを職務とする「監査役」に報告して対処を要請すべきである。

10 「フォローアップ監査」を実践する

(1) フォローアップ監査の必要性

監査を実行して課題が発見され、指摘し、改善提案を行ったとしても、それだけで後は放置するといったことは望ましくない。監査実施後、「フォローアップ監査」として、合理的な期間を置いた後に「実際に改善が行われているか」を確認する必要がある。

平成16年3月、東京の商業ビルで回転ドアの事故により男児が死亡する事故が起きたが、その4カ月前にも同種の事故が起きていたことが報じられている（「回転ドア事故」朝日新聞平16・7・17夕刊）。先行事故の2日後、ビル管理会社はドアメーカーと協議した上で、①固定型安全柵の設置、②停止センサーの設置等、③注意喚起テープの内容変更など、6項目にわたる安全対策を決めて、現場に指示を行っている。迅速、適切な対応であった。ところが、現場では6項目のうちの3項目しか実施されていなかった。非実施項目のなかには「ドアにスポンジなど緩衝材を取り付ける」といった項目もあり、すべてが実施されていれば後続事故を防止できた可能性もある。なぜ実施しなかったかについて現場は、「その後、社長からは具体的な指示はなかった」と述べている（朝日新聞平16・7・17朝刊）。フォローアップ監査の必要性を痛感させる言葉である。

(2) フォローアップ監査の実施時期

そこで、監査実施後、合理的な期間が経過した後にフォローアップのための監査を行う必要性が出てくる。

「合理的な期間」とは対象となる事項のタイプによる。前記のような設備、資材などハードの問題であれば、器材を取り替えるのに必要な最小限の期間が経過した後でよい。これに対して「パワハラが頻発する職場環境の改善」といったソフトの問題であれば、6カ月程度の期間を置くことが望まれる。監査による改善提言の後、1カ月程度は緊張感が持続しているが、6カ月くらいの時間が経過すると本来の姿に戻り始めるおそれがある。そのとき、改善提言が本当の意味で定着しているかを確認するべきである。

✔ 本節のチェックポイント

1	内部監査の目的は「企業存続」であると社内で理解されている	□
2	内部監査の目的に牽制効果、改善提言もあると社内で理解されている	□
3	内部監査の充実度は事業報告、有価証券報告書などに反映されると理解されている	□
4	内部監査と監査役監査との違いが理解されている	□
5	内部監査部門と監査役との連携が保たれている	□
6	内部監査部門は社長直属となっている	□
7	内部監査の必要性、重要性について全社的な理解がある	□
8	内部監査担当者も「企業存続」という内部監査の目的を意識している	□
9	実践的な「監査計画」が作成されている	□
10	監査計画は社長、監査役にも提示されている	□
11	グループ各社の監査を実践する契約が整備されている	□
12	抜打ち監査が適宜、実施されている	□
13	裏取り調査が実践されている	□
14	監査に聖域は設けられていない	□
15	監査実施から合理的な期間経過後、「フォローアップ監査」を実施している	□

第6節 「記録マネジメント」でリスクを避ける

1 「記録マネジメント」が必要である三つの理由

(1) 正当性の証明

リスク管理体制を整備する上では「記録マネジメント」の充実は不可欠である。その第一の理由は、万一トラブルが生じた場合に適正に業務を行っていたことの証拠とするためである。例えば、投資信託を販売したところ、後になって顧客から「元本割れリスクについて説明がなかった」と異議を申し立てられた場合を考えてみればわかる。説明に関する記録がなければ、顧客との間で「説明した」「しない」の水掛け論になってしまう。だが、リスクについてきちんと説明している言葉が記録されていれば、問題はたちどころに解決する。平成19年5月、ジェットコースターの車軸が折れて人身事故が起きた。その際、運営会社が「探傷試験」（超音波による安全検査）の実施記録を保管していなかったことが明らかになった。そうしたところ警察当局は「ずさんな安全管理であった」とみて業務上過失致死の疑いで捜査に乗り出したと報じられている

（「コースター車軸事故」朝日新聞平19・5・13朝刊）。記録の不備が管理体制の不備を疑わせるきっかけになったわけで、「記録マネジメント」の重要性を物語っている。

ちなみに、「記録」の意味で使われている「ドキュメント」（Document）という言葉を英和辞典で引くと、動詞として「（自分の）主張の根拠を文書で証明する」という意味がある（『新英和大辞典〔第6版〕』（研究社））。ドキュメントとは「自分の正しさを証明する」という意味なのだ。そうであるなら、「記録」の作成、保存に最大限の努力を注ぐのは当然のことだ。

(2) 不正の排除

記録マネジメントが重要である第二の理由は、厳正に記録を作成することで不正行為を排除できることにある。平成19年、食品会社が消費期限の過ぎた原料乳を使用してシュークリームを製造販売して大きな社会問題になったことがある。報道によると、再雇用された元菓子職人は期限切れ原料乳を使うとき「期限切れの牛乳でも自分で色やにおい、味によって品質を確認できると思っていた」とのことである（「消費期限切れ事件」朝日新聞平19・1・12朝刊）。他の従業員は先輩の元職人に対して「使ってよいのですか」とは言いにくかったであろうことは容易に想像がつく。だが、他の従業員も「記録は自分の仕事なので、「期限過ぎ原料乳を使用」と記入しなければなりません」という指摘ならできたのではないか。そうすれば不祥事は避けられたはずである。

平成20年5月、消費者金融会社の担当者が債務者に対して「詐欺である、警察沙汰にする」と発言したり、30分間に23回の架電をしたりするなどの行為があったとして会社が業務停止命令、業務改善命令を受けたことがある。注目すべきは処分理由である。行政当局は「督促行為が行き過ぎである」として処分したのではなく、「こうした交渉経過について法定の帳簿に記載しなかったこと」を理由として処分したのだ。どのような督促を行ったときにも必ず正確に督促状況を記録しなければならないのであれば、おのずと行き過ぎた督促行為は行われなくなるはずである。行政当局は、「記録重視」という、いわば側面から不適切行為を排除する新しい手法を用い始めたと考えられる。

(3) 監査の実効化

記録マネジメントが必要である第三の理由は、内部監査を実効化することにある。例えば「取引が適正に行われているか」を監査する場合は、見積書、発注書、受注書や、伝票類、送金指示書、送金記録など、関連する記録と、手続の流れに沿って確認することで概要を知ることができる。あとは、記録の欠落があればその理由について、前後の整合性で説明が必要であればその点について、署名や押印に疑問があるなど、記録自体で気になる点があればその点について、監査部が担当者に事情聴取すればよい。

2　法的根拠

会社法は、会社がその業務を「適正に保つ体制」を整えることを求めている（適正確保体制。会社法362条4項6号）。適正確保体制の具体的な中身については同法施行規則に五つの項目が定められている。その第一番目に掲げられているのが「取締役の職務執行に関する情報の保存と管理体制」である（会社法施行規則100条1項1号）。

「取締役の職務執行に関する情報」とは取締役の指示に従って行われるすべての事業活動を含むのであるから、要するに「会社の業務上作成されるすべての記録」を意味する。その保存管理体制を整えることを法は求めているのである。

3　対策①——研修で記録マネジメントの目的を周知する

「記録マネジメント」を充実させるためには、研修により全役職員が上に述べた記録の重要性の根拠を徹底理解することである。

企業は商法、会社法、労働関係法令によって会計や労務に関する各種書類の作成を義務付けられている。その他、各業界の監督ルールによってきわめて多様な書類の作成と保存とを義務付けられてもいる。そのためか、「記録の作成・保存」というと、「各種法規制があるから仕方なく記録している」という消極的な受け止められ方が多いように思う。これでは現場に「やらされ感」が募るだけで、実効的な記録マネジメントは望めない。

そこで研修を行い、「記録は万一の場合に、自分が適正に業務を行っていたことを証明する証拠として必要なのだ。つまり、記録は自分を守るためのものなのだ」という趣旨について、徹底した理解が得られるようにすべきだ。社内で起きた身近な話題を用い、疑惑が生じたときに記録を示すことで一挙に疑いが晴れた事例などを紹介することができれば、現実問題として記録の必要性を実感してもらえる。

4　対策②——記録マネジメントに関する社内規則を整備する

記録マネジメントを充実させるためには、記録の作成・保存に関する社内規則を整備し、その規定内容を励行することが重要である。記録の保存に関する社内規則には、①作成すべき文書の種別、②作成責任者、③記載内容、④紙・電子情報などの保存形態、⑤保管責任者、⑥保管場所、⑦保存期間、⑧コピーの可否、⑨コピーを許可する場合の手続、許可記録、⑩記録の持出しに関する同様の手続内容といった項目を規定する。

5　対策③――保存期間の留意点

(1)　保存期間

記録の保存期間は、原則として10年以上、重要文書については永久保存とすべきである。任務懈怠などによる取締役・監査役の会社に対する損害賠償責任の消滅時効期間は10年である。役員責任追及訴訟（代表訴訟）が起こされる期間もこれに連動する。取締役、およびその指示に従って行動する従業員が、万一のときに自分たちが適正に業務を行っていたことを証明するためのものが「記録」だ。そうである以上、その保存期間も責任の消滅時効期間と合わせておくのが合理的だ。

(2)　「損害発生時」との関係

問題は10年間という時効の起算点が「損害の発生時」とされている点である。独占禁止法（私的独占の禁止及び公正取引の確保に関する法律）違反による「課徴金支払」などであれば「支払日」が損害の発生日であるから明確だ。だが、取締役が新事業の問題性に気付かずゴーサインを出してしまい、結果、企業に様々な損害が次々と発生したといったケースでは、「新事業による損

【図表13】　法定保存書類の例

文書例	保存期間	根拠法令
商業帳簿、営業に関する重要書類	10年間	商法19条３項、会社法432条２項
計算書類および附属明細書	10年間	会社法435条４項
取締役会議事録	10年間	会社法371条１項
株主総会議事録	10年間	会社法318条２項
監査役会議事録	10年間	会社法394条１項
現金出納帳	７年間	法人税法施行規則59条
売買報告書（有価証券の取引に際して作成された証憑書類）	７年間	法人税法施行規則59条
金融機関等が保存する退職等に関する通知書	５年間	租税特別措置法施行規則３条の６第３項
労働者名簿、賃金台帳	３年間	労働基準法109条

害」がいつ生じたか確定しにくい。そうなると余裕を持つべきで、記録の保存期間は「10年以上」とせざるを得なくなる。

(3) 法定保存期間との関係

会社は、取締役会議事録や株主総会議事録は10年間の備置が義務付けられているほか（会社法）、現金出納帳など取引に関する書類は７年間（法人税法）、労働者名簿、賃金台帳などは３年間（労働基準法）など、様々な法令によって一定期間、書類の保存を義務付けられている（【図表13】参照）。

しかし、これらの保存期間は、株主側が議事の状況をチェックするための期間であったり、行政当局が監督の必要上定めた保存期間であったりと、企業や企業担当者のリスク管理のために定められた期間ではない。したがって、これら法定の保存期間とは別に、上に述べたように証拠としての保存期間を考えるべきである。

6　対策④——ＩＴ保存する場合の留意点

(1)　ＰＤＦ化などで改竄防止

記録の保存期間が10年以上となると、記録媒体が紙であると膨大な量になる。そこで電子情報として記録することが考えられる。その場合、将来の証拠とすることを考えると、署名押印などをそのまま記録できる「ＰＤＦ」（Portable Document Format。文字以外に図や画像も記録できる）の形式でコンピューターに入力して保存するほうがよい。ＰＤＦは普通の記録方式に比べれば改竄しにくいので、比較的信用性が高い。さらに、コンピューターの使用状況を記録してある「ログ」（log）を合わせて示すことにより、そのＰＤＦが確かにその時に記録され、その後変更されていないことが証明されれば、証明力はより高まる。また、電子署名法（電子署名及び認証業務に関する法律）の定める手続に従って「電子署名」を施せば「真正に成立したものと推定される」（同法3条）という法的効果を得られる。

(2) メンテナンスに注意

記録をIT化して保存する場合に、システムの統合や改善作業を行う際に、当該データが消滅したり、内容が読み取れなくなったりするなどの影響を受けないように配慮する必要がある。合併で異なったシステムを統合した際にデータが消失してしまったという実例がある。また、光ディスク、ハードディスク、USBメモリーなどのフラッシュメモリーは、それぞれ情報の保存可能期間が性能的にある程度限定されている。必要なときに情報を読み出せないこともあり得る。こうした様々な課題に配慮したきめ細かなメンテナンスが求められる。

7 対策⑤──文書提出命令への留意

以上は自分の正当性を証明するために、積極的に自身が証拠として記録を裁判所に提出する場合の問題である。逆に、裁判手続で、自身は望んでいないのに、相手方の申立てによって裁判所から自身に対して保存している文書を提出するように命じられる場合がある。これを「文書提出命令」という。「記録マネジメント」では、いざ訴訟という場合、その文書が提出命令の対象になるかどうかを常に意識しておく必要がある。

法律上、①訴訟で自分が引用した文書（引用文書）、②相手方が引渡請求権や閲覧権を持っている文書（引渡し・閲覧権文書）、③領収書など相手方の利益のために作成されている文書や、相手方の権限を証明するために作成されている文書（利益文書、法律関係文書）については提出命令を拒むことはできないとされている（民事訴訟法２２０条１～３号）。

他方、法律は「内部文書」であれば文書提出命令を拒めると規定している（同条４号ニ）。「内部文書」とは「専ら文書の所持者の利用に供するための文書」とされている。

銀行が貸出業務に関して作成する「貸出稟議書」が内部文書といえるかが争われたことがある。裁判所は「貸出稟議書は、銀行内部において融資条件についての意思形成を円滑、適切に行うために作成される文書であって…開示されると銀行内部における自由な意見の表明に支障を来たす」として内部文書に該当するとし、提出命令の対象とはならないと判断している（「銀行稟議書提出申立事件」最二小決平11・11・12最高裁判所民事判例集53巻８号１７８７頁・金融法務事情１５６７号23頁）。

こうした判例実務の傾向を常にフォローして、文書提出命令の対象となる可能性まで意識した記録マネジメントが求められる。

✔ 本節のチェックポイント

1	「記録マネジメント」の目的は「将来の証拠」と「不正防止」「監査の実効化」だと理解されている	□
2	研修で記録マネジメントの目的は自分を守るためだと理解を得ている	□
3	記録マネジメントに関する社内規則が整備されている	□
4	記録の保存期間は実践的に定められている	□
5	記録のIT化では、改竄防止とメンテナンスに配慮されている	□
6	文書提出命令の対象になる記録であるかを意識して管理している	□

第7節　「実践的マニュアル」でリスクを避ける

1　「リスク管理マニュアル」とは何か

「リスク管理マニュアル」とはリスクに対してどのように対処し、具体的に何をすればよいかを明確に記載した「手引書」のことである。「リスクへの対処」という意味からすれば、社内には大小様々なマニュアルが存在している。リスク管理全般については「全社リスク管理規程」「リスク管理委員会規程」「リスク対策本部規程」などがあり、事業部門ごとにみれば「品質保証マニュアル」「内部監査マニュアル」「法務リスク対策マニュアル」「広報マニュアル」「委託先管理マニュアル」など、問題となる事象ごとにみれば「災害対策マニュアル」「工場災害対策マニュアル」「情報流出対策マニュアル」「製品事故対策マニュアル」「反社会的勢力対策マニュアル」「緊急広報対策マニュアル」などが存在する。

本節ではこうしたリスク管理マニュアルすべてに通じる共通の留意点について整理する。

2 リスク管理マニュアルの「必要性」を確認する

(1) 対応策を事前に決めておく

最も大切なのは「リスク管理マニュアルはなぜ必要なのか」を確認しておくことである。この点を突き詰めることなく、なんとなく「マニュアルを整備しておいたほうがよいだろう」といった意識でマニュアルを作成するのでは、到底、実践的マニュアルを作成、活用することはできない。

リスク管理マニュアルの第一の目的は、リスクへの対応策を平時に熟考して決めておくことにある。この点は非常事態への対策においてとくに重要である。緊急時には程度の差はあれ、誰でも心理的な動揺が生じる。抑制の利かないパニック状態になることもあり得る。そうした状況で「普段どおりの判断」をすることは難しい。東日本大震災では被災地のある小学校の先生たちは大津波警報が出た後、児童らを「裏山に避難させるか、それとも小高い道路に避難させるか」についてい話し合ったという。話合いの結果、「道路へ」ということになり避難を開始した。その直後、津波に遭遇して犠牲者が出る事態となった（「小学校避難事故」朝日新聞平23・6・5朝刊）。誠に痛ましい話だが、あらかじめ津波の高さを予測し、周囲の山や道路の高さを測定して避難場所を具体的に定めておけば――という気持ちを禁じ得ない。

平時にできる限りの情報収集を行い、それに基づいてリスクを予測し、具体的にどう対応すべきかについて冷静に対応策を決めておく。それがマニュアルの目的である。そのことがいかに大切か、我々はこの小学校避難事故を尊い教訓として受け止めるべきだ。

⑵ 対応策の漏れを防ぐ

リスク管理マニュアルの第二の目的はリスク対応策の漏れを防ぐことにある。例えば「顧客名簿流出事故」が起きたとき、流出対象の顧客への連絡、顧客への謝罪や被害拡大の防止といった対応に追われているうちに「行政への報告を失念していた」ということがあり得る。そのような事態を防止するために、平時の冷静なときに、いざというときなすべきことをリストアップしておくのである。「非常時連絡先リスト」はその典型例だ。緊急事態が生じたときに、どこどこに連絡しようかと考えているのでは必ず漏れが生じる。

平成11年9月30日、東海村にある原子力燃料処理事業所で「臨界事故」が起きた。その際、設備の排気装置は停止されなかった。その結果、放射性物質のヨウ素131が事故から10日間も漏れ続けていたという（朝日新聞平11・10・12夕刊）。この事故は東日本大震災が起きるまでは日本の原子力事業が始まって以来最悪の事故であり、周辺の人々はみな極度の混乱状態にあったと思われる。誰もが「排気装置の停止」という措置に思い至らなかったのだ。だからこそ、なすべきことを平時にあらかじめリストアップしておくことが必要である。

(3) 「内部管理体制」の一環としての必要性

a 法の要求

法的な意味では、取締役は「内部管理体制」の一環としてリスク管理マニュアルを整備することが必要である。会社法は取締役に対して「業務の適正確保体制」を築くことを求めている（会社法362条4項6号）。「会社業務が適正に行われることを確保する体制」という規定だが、その具体的な内容の一つとして「損失の危険の管理に関する規程その他の体制」を整備することが求められている（会社法施行規則100条1項2号）。「損失の危険の管理」とはまさに「リスク管理」のことであり、そこに定められる「規程」がリスク管理マニュアルである。東日本大震災後にPR会社が首都圏近郊に本社がある企業に対して行い329社から回答を得たアンケート調査によると、83％の企業が「マニュアル」を用意していたと答えている（日本経済新聞平23・5・17朝刊）。マニュアルの整備が企業の責務であるとの認識が浸透していたことがうかがえる。

b 取締役のマニュアル整備義務

リスク管理マニュアルの整備が取締役の法的義務である以上は、取締役がリスク管理規程の作成を怠り、また一応作成したにしても不備があり、それらのことが原因で被害が生じたときには、取締役は民事上・刑事上の法的責任を追及されることになる。平成23年1月30日、都内の遊園地でコースターに男性客を乗せる際に安全バーのロックがなされていなかったため、男性客が転落死する事故が起きた（「コースター安全バー事故」）。警察は平成23年7月1日、コースターの運行に関するマニュアルに安全バーのロック確認について「手で触って確認する」というような具体的な記載がなかったことから、執行役員、アミューズメント部長ら7名を「業務上過失致死容疑」で書類送検したと発表している。マニュアル不備という「組織的な問題」であったため、現場で運行にあたっていたアルバイト大学生や現場責任者の契約社員らについては立件を見送ったという（朝日新聞平23・7・1夕刊）。

こうした司法の実務状況を見ると、今後、「マニュアル不備」で事故が起きた場合は、役員の「マニュアル整備義務違反」が法的に追及される場面が出てくることが予測される。

c　行政もマニュアルに注目

行政庁も企業のマニュアル整備状況やマニュアルの内容について強い関心を持って見ている。平成23年5月27日、北海道の鉄道でトンネル内における列車火災が発生し、乗客の避難誘導について本部と現場とのマニュアルに齟齬があり、避難が遅れるという出来事があった（「北海道トンネル内火災」）。この問題について行政庁はマニュアルの齟齬を重く見て、鉄道会社に対して「マニュアルを統一し、内容を具体的に定めるように」との業務改善命令を出した（朝日新聞平23・6・19朝刊）。

平成18年6月3日、東京都のマンションで完全停止しないエレベーターに人が挟まれて亡くなる事故が起きた（「エレベーター事故」）。その後の調査過程でエレベーターメーカーから保守点検業者に十分なマニュアルが渡っていなかったことが明らかとなった。こうした状況を受けて行政庁は平成21年9月から建築確認を受ける際にはメーカーが「点検マニュアル」を提出することを義務付けた（日本経済新聞平21・7・9夕刊）。

行政が企業を監督する際の確認項目として「マニュアルの整備状況」を見る傾向は今後もますます強まるものと予測される。

3 マニュアルは対処方法を具体的に定めるべし

マニュアルはなすべき事柄については具体的に記載しておかなければならない。前記の「コースター安全バー事故」ではマニュアルには「ロックを確認する」とだけ記載されていたという（朝日新聞平23・7・1朝刊）。「手で触ってガタつきがないことを確かめ、ロックを確認する」といった具体的な確認方法を定めておくことが必要なのである。現場では手で触ることなく目視だけで済ますことが常態化していたとされ、そのことが事故につながったというのが警察の判断である。また、「小学校避難事故」では小学校は避難場所について防災マニュアルに「近所の高い所や公園など」と記載していたものの、具体的な場所については記載していなかったという（朝日新聞平23・6・5朝刊）。

英語のマニュアル（manual）は「手引書」「取扱説明書」という意味である（『新英和大辞典［第6版］』（研究社））。その小冊子さえ読めば誰でもが事態に対応でき、器具の操作などもできるものという意味である。リスク管理マニュアルを作成、見直しする際は、この「手引書」という趣旨を尊重し、可能な限り具体的に記載することが望まれる。実際にマニュアル作成作業を行うと、ついつい解説書や教訓めいた記載になりがちで、できあがったものは「手引書」とはほど遠い膨大な「読み物」となったという例が少なくない。緊急事態ではそうした「読み物」を読んでいる余裕はない。

4 マニュアルは現場の判断に委ねるものであってはならない

マニュアルは対応策を現場の判断に委ねるものであってはならない。例えば「反社会的勢力から不当要求があった場合は、毅然として適切に対処すべし」ではマニュアルとはいえない。これでは現場はどう対処してよいか、全くわからない。ところが、現状のマニュアルをみると「必要な措置を講じる」「適切な措置をとる」といったマニュアルが少なくない。何が「必要」「適切」かは現場が判断せよというのである。

平成17年4月18日、都内の遊園地で足に障害を持つ男性客がアトラクションに安全ベルトを締めないまま乗ったところ転落死するという事故が起きた（「安全ベルト事故」朝日新聞平17・4・19朝刊）。運営会社のマニュアルには「安全ベルトが締まらない客、安全装置を握れない客は丁重にお断りする。それでも希望するときは責任者に確認し、利用できるかどうかを判断してください」と記載されていたという（朝日新聞平17・4・21夕刊）。事故に遭った男性客が希望したとき、アルバイト係員は足の障害のことは伝えず、「安全ベルトをしないでも乗せてよいか」とアトラクションマネジャーに相談した。これを受けてマネジャーは許可を出したとされる。その結果、アルバイトもマネジャーも業務上過失致死容疑で書類送検されている（日本経済新聞平17・7・1夕刊）。「それでも希望するときは現場の判断に委ねる」としたマニュアルであったことが事故を招き、刑事責任問題にまで発展したことになる。現場の判断に委ねておき、その結果不幸な出来事が起きたら、「現場の判断ミス」として現場が法的責任を追及されるといった事態は、企業の経営陣としてはなんとしても避けるべきである。そのためにはマニュアルに現場の判断に委ねる部分を残さないことが必要である。

5 マニュアルの文章、用語を平易にする

(1) なすべきことを「数」で明示する

a 箇条書きスタイルにする

マニュアルは「手引書」である以上、その文章・用語は平易であることが求められる。とくに緊急対応マニュアルなどは、冷静さを失っている状況で読むのであるから、一読しただけで「スッ」と理解できる表現を目指す必要がある。「読んでわかるマニュアル」が必要なのだ。法令を焼き直したような難解なマニュアルは緊急時には到底役に立たない。

そのためには第一に、「なすべきこと」をできるだけ「数」で表現することだ。例えば以下のような箇条書きのスタイルが望まれる。

災害対策本部長は、地震発生時には直ちに次の事項を行う。

1．社員の安全確保

2．社員の安否確認
3．社内設備の被害状況の確認

b 「とともに」などは避ける

そうした観点からすると、「とともに」「かつ」「ならびに」などの接続詞を用いて「なすべきこと」を1文で記載する方式は避けたほうがよい。前記と同じ意味内容であっても、「災害対策本部長は、地震発生時には直ちに社員の安全を確保するとともにその安否確認を行い、かつ社内設備の被害状況を確認する」と表記すると、「なすべきことは三つだ」と一目ではっきりとはわからなくなる。これでは読み手がその場で「なすべきこと」を数えなければならない。どうしても1文にする必要があるときは、「①社員の安全を確保するとともに、②その安否を…」というように番号を付すなどの工夫をすべきだ。

⑵ 「もとより」などの微妙な表現は避ける

同じ趣旨で、「もとより」「もちろん」などの副詞を使った微妙な表現も避けるべきである。マニュアルには「社員の安全を確保するのはもとより社員の安否確認も行う」といった記載がよくみられる。が、こうした記載だとなすべきことを数で瞬時に理解することが難しくなる。

「AはもとよりBも行う」とは、「Aに比べて優先順位が低いBも行う」という意味である。となると、この表現は厳密には、「まずは社員の安全確保を行うべきである。次に社員の安否確認作業を行う」という「なすべきこと」の優先順位を「もとより」という一言で表現していることになる。

そうした細かなニュアンスを緊急時に読み取るのは至難の業だ。仮に「なすべきこと」について優先順位を付けるのであれば、それは「経営判断」に属する事柄である。経営陣があらかじめ決定した上で明記しておかなければならない。

(3) 「配慮しつつ」など付加的記述は避ける

「…に留意しつつ」など、ある条件を付加する表記を1文に記載することも避けたほうがよい。例えば「担当者の身の安全に配慮しつつ社内設備の被害状況を確認する」という記述は、ややわかりにくい。読み手の目には「被害状況の確認」という言葉は飛び込んでくるが、「担当者の身の安全」という文字はかすれてくる。明確にするには、「災害対策本部長は直ちに社内設備の被害状況を確認する。その際、担当者の安全確保に留意する」として2文に分けたほうがよい。この記載であれば「なすべきこと」は二つであり、「担当者の安全確保」も「被害状況確認」と同じ重要性を持つことが明確になる。

(4) 条件を「数値化」する

「どのような状態になったとき、なすべきことを行うか」という条件を記載するときは、可能な限り「数値化」を行うべきだ。平成19年5月5日、関西の遊園地でジェットコースターの車軸が突然折れて人身事故が起きた（「コースター車軸事故」）。15年間、一度も車軸の交換をしなかったことが原因とされる。メーカーが他の遊園地に渡したメンテナンスに関するマニュアルには「8年で車軸を交換してください」と交換期限が明示されていたという（日本経済新聞平19・5・11朝刊）。このように数値を明記したマニュアルが必要なのであり、例えば「相当程度の時間が経過したら車軸を交換する」といった記載だとマニュアルとして機能しない。平成22年5月10日、高速増殖炉「もんじゅ」で制御棒が十分に挿入されずに作業が2時間中断する事態が発生した。原因はボタンを通常より4倍長く押すタイプであったのに十分にボタンを押し続けなかったことにあるという（朝日新聞平22・5・14朝刊）。マニュアルには「ボタンを長押しする」といった記載では足りず、「ボタンを押したまま4秒間、静止する」というように具体的な数値を記載することが必要なのである。

(5) イラストを活用する

平易にするためには、イラストや図解を用いて「見てわかるマニュアル」を心掛けることも必要だ。文字表現で詳細な説明をしても、緊急時などは読み取っている暇がない。図解で「パッ」と目に入るほうが実践的である。

あるプラントメーカーでは「人間力マニュアル」と名付けて、製造現場での事故を防止するために状況把握や折衝の仕方について「絵」でまとめたと報じられている。現場経験や事故回避のノウハウに乏しい若手を早期に教育するのがねらいだとされる（日本経済新聞平23・7・25朝刊）。

兵庫県佐用町では平成21年の台風9号で死者・行方不明者20人の被害が出たことを受け、風水害から身を護る「防災マニュアル」を作成した（朝日新聞平23・9・8朝刊）。イラストがうまく活用されており、「目で見てわかるマニュアル」になっている（「わが家の防災マニュアル」http://www.town.sayo.lg.jp/cms-sypher/www/info/detail.jsp?id=541）。

(6) 現場の意見を聴取する

本当にわかりやすくなっているかについては、マニュアルの実際の利用者に意見を聞いてみるべきだ。マニュアルの作成者側が「送り手」としては十分に理解されると一方的に思っていても、肝心の「受け手」に理解されなければマニュアルとして機能しない。「わかりやすい」と思っていても、それは「送り手」の独りよがりかもしれない。「送り手の発想から受け手の発想へ」というマーケティングの考え方は、マニュアルについても当てはまる。

そこでマニュアル作成過程で、マニュアルの利用者として想定される人々から数人を選んで「これでわかりますか」をテーマに実際に読んでもらい、忌憚のない意見を聞くべきだ。問題があればこまめに修正すべきである。

6　マニュアルの「誤記」を防ぐ

マニュアルに誤記があってはならない。いったんマニュアルが制定されれば、現場はそれを信頼して行動するのであるから、誤記があった場合は「リスク管理」そのものが間違った方向にいくことになる。その結果、企業が取返しのつかない深刻な事態に陥る危険性も出てくる。

平成19年1月11日、菓子メーカーが消費期限切れ牛乳を使用してシュークリームを製造、出荷していたことが明らかとなった（「消費期限切れ事件」）。事件が解明される過程で、本社の「衛生マニュアル」では「大腸菌群が1g当たり1万個超で回収」となっていたのに、ある工場のマニュアルでは「大腸菌群が1g当たり10万個超で回収」という記載になっていたことが報じられている（日本経済新聞平19・1・27朝刊）。10倍の基準となった原因について会社側は「打ち間違いでゼロを一つ増やしてしまったようだ」と説明している（日本経済新聞平19・1・31朝刊）。

マニュアルの誤記防止については「ダブルチェックの励行」（本書87頁）で徹底した対策を取

ることが必要である。

7　複数マニュアル間の「齟齬」を防止する

マニュアル作成が「内部管理体制の一環」として全社的に統一して行われていないと、本部や各部署で複数のマニュアルが作成され、相互に齟齬が生じるおそれがある。それでは統制のとれたリスク管理は不可能だ。マニュアルは内部管理体制の重要な一部であるとの認識に立って、全社的に整合性を持ったマニュアルを目指すことが必要だ。「北海道トンネル内火災」（平成23年5月、本書135頁）では本部と現場とのマニュアルに齟齬があったことが報じられている。本社は各部署で作成されているマニュアルについても把握し、全社的に一貫したマニュアル体系として整備することが求められる。

8　マニュアルの「周知」を徹底する

作成されたマニュアルは実際にそれを使用する人々に徹底して周知することが必要である。ところが、リスク管理の実務では「立派なマニュアルを作成すること自体に意義があり、できあがったものを使用することは第二義的なことだ」と受け止めているように思えてならない。マニュアルは「飾り」ではない。

東日本大震災の際、被災地にある幼稚園では、大津波警報が発令された後、園児を自宅に帰すためバスで出発して津波に遭遇し、園児が5人死亡する事故が起きた（「幼稚園避難事故」）。園のマニュアルでは「園児は保護者のお迎えを待って引き渡す」ことになっていたという。園側へのアンケートではバスの運転手を含む教職員の多くがマニュアルの存在を「知らない」と回答している（朝日新聞平23・8・4朝刊）。当時の園長（平成23年3月末退職）は、保護者の迎えを待たずにバスで出発させるという、マニュアルとは異なった措置をとったことについて「親元に早く帰したいと思った」と述べたとのことである（朝日新聞平23・8・10朝刊）。全教職員にマニュアルが周知されていれば、「マニュアルどおりにしたほうがよい」という現場の声も上がったのではないだろうか。「緊急時には冷静な判断は期待できない。その判断を平時にしておく」というマニュアルの趣旨が活かされなかったことに胸が痛む。

マニュアルを周知徹底するためには、①マニュアル冊子の各人への配布、②マニュアルに関するディスカッションの適宜実施、③マニュアルに従った訓練の実施などが必要である。実践訓練では「マニュアルどおりにはできない」というマニュアルの欠陥が見つかることもある。反社会的勢力の攻勢を受けていた金融機関で、店頭に相手方が突然現れたときに備えて「本店、警察、弁護士に電話する」とのマニュアルを作成した。ところが、シミュレーションをしてみると店頭に声が筒抜けで、とても同時に3本の電話はできないことがわかった。マニュアルの実効化には常に実践的な検証が必要だ。

9 マニュアルの「順守」

(1) マニュアル不順守の事例

せっかく「実践的」マニュアルが作成、周知されていても現場でそのとおりに順守されていなければ何にもならない。平成19年1月に発覚した「消費期限切れ事件」では、一般生菌の検査は本来3段階で調べるはずが2段階に省略されていたと報じられている（日本経済新聞平19・1・31朝刊）。省略の原因については「担当者1、2名で毎日約30の検体を調べていた。検査に十分な人をかけられず、簡略化してしまったのではないか」と、メーカー自身が説明している（同紙）。

平成17年3月に東京都で起きた「踏切事故」もマニュアル不順守が招いた事故である。鉄道会社が作成した「駅務運転作業基準」では「ロックの解除は急行と準急が走る路線については当駅長の指示により行う」と規定されていた。それにもかかわらず、現場の保安係は通行人を渡らせてあげようとしてロックをはずして遮断機を上げた。その配慮が事故につながった。「開かずの踏切」として知られていた現場であり、「保安係の判断で数十秒だけでも遮断機を上げてくれたことが何度もあった。そうした判断がありがたいときもある」という地元の声が報じられている（朝日新聞平17・3・18朝刊）。だが、たとえそうした「配慮」ではあったとしても、保安係は、刑事裁判では「内規違反に当たる独断でのロック解除が日常的に行われていた」と厳しく指摘されるところとなった（東京地判平18・2・3公刊物未登載）。

(2) マニュアル不順守の問題点

現場でマニュアルが順守されない背景には、「人手が足りない」「実情に合わない」など、各現場に固有の事情があることが多い。確かに、本部で作成したマニュアルをいざ現場で実際に使ってみると、実態に即さない部分が出てきて順守し難い場合もあり得る。だからといって現場の判断で勝手にマニュアルを無視して現場の実情に合わせた運用をすることは危険である。

(3) 対　策

対策としてマニュアルの順守状況に関する内部監査を徹底して行うべきである。できれば不定期で「抜打ち監査」を行うことが望ましい。定時監査のときにはマニュアルどおりに行われているものの、不意に現場に行ってみるとマニュアルがなおざりになっていることもある。監査でマニュアル不順守の事実が発見され、その理由として現場の実情に合わない部分があると確認されたならば、直ちに本部に報告すべきだ。その上で、本部と現場との間で十分な意見交換を行い、きちんとした手続を踏んで必要に応じた改定を行うことが必要である。

10 「未承認現場マニュアル」の発生防止

(1) 「未承認現場マニュアル」の問題点

a 内部管理体制の崩壊

マニュアル不順守の延長線上に、本部の知らない「未承認現場マニュアル」の問題がある。リスク管理担当者は驚くだろうが、本部が作成した「正規マニュアル」とは別個に、本部の承認なく、現場で独自のマニュアルが作成されて使用されていることが少なからずある。それが「未承認現場マニュアル」である。

「未承認現場マニュアル」の問題点は、本部の知らない業務運用が現場で横行する状態となることである。本部がマニュアルを現場に配布し「これで現場はマニュアルを守って業務を遂行してくれているだろう」と安心しているとき、実は現場で想像もつかない運用が行われているかもしれない。しかも、その逸脱行為は特定の担当者による、一時的な気の迷いや思い違いで単発的に発生するものではない。それなりの「マニュアル」に基づいて現場で組織的、継続的に行われているのだ。それは「内部管理体制」の崩壊である。

b　本部と現場との意識の乖離

さらに「未承認現場マニュアル」を生んでしまう現場の「意識」が問題である。こうした事態が発生する背景には、「本部が作るマニュアルは机上の空論にすぎない。現場を知っている自分たちが作成するものこそ実践的なマニュアルだ」という意識が潜んでいる。そうした意識が醸成されると、本部と現場との意識がますます乖離してしまう。

(2)「未承認現場マニュアル」の危険性

a　「未承認現場マニュアル」に基づく作業

「未承認現場マニュアル」の存在と怖さを印象付けたのが平成11年9月30日に東海村にあるウラン燃料会社の施設で起きた「臨界事故」である。臨界事故は、精製された「酸化ウラン粉末」をステンレスバケツのなかで溶解し、次いで、その溶解液を「沈殿槽」と呼ばれる口径が広く開いた大鍋のような装置に大量に流し込んだときに起きた。

この溶解作業は「正規マニュアル」に違反するものであった。ウラン燃料会社が国に届け出て許可を得た「事業変更許可申請書」(正規マニュアル)では、酸化ウラン粉末は「溶解塔」と呼ばれる設備で溶解することになっていた。「溶解塔」は「臨界事故」が起きにくい形状で造られている。ところが実際の溶解作業はステンレス製のバケツを用いて行われていた。溶解塔での作業は「効率が悪くロスが多い」との理由だという（日本原子力学会ＪＣＯ事故調査委員会『ＪＣＯ臨界事故その全貌の解明―事実・要因・対応―』１８９頁（東海大学出版会））。

b 「未承認現場マニュアル」の存在

世間を驚かせたのは、「バケツ作業」という逸脱作業が「未承認現場マニュアル」に基づいて行われていたことである。現場マニュアルには「ステンレスバケツ3個。よく洗浄し、溶解用として用意する」と書かれており、現場責任者らの押印もあった。

「溶解塔」ではなくバケツによって溶解作業を行ったことがなぜ危険であったか。核分裂でウランから飛び出した中性子が他のウランに衝突すると、さらに核分裂を起こし、連鎖反応となる。それが「臨界」である。「臨界」を防ぐためには、①ウランを臨界量に達するほど一度に大量に集めないこと、②中性子の活動を抑えるような、細く平たい形状の容器に入れることが必要とされる。「溶解塔」はこうした要請に応えるように設計されていた。これに対して「バケツ」は臨界対策の工夫が凝らされた形状ではない。バケツ作業については科学技術庁も「バケツでは放射線を遮蔽できない。ふたもなく、混ぜたときに飛び散る危険もある。安全管理は全く望めず、発想自体が非常識」と指摘している（朝日新聞平11・10・8夕刊）。

にもかかわらず現場は、作業の効率性を考えて「溶解塔」による作業を「バケツ作業」に切り替える「マニュアル」を作成し、それに従って長期間、組織的に作業を行っていたのである。もっとも、「バケツ作業」にもかかわらず本件までは事故は発生していなかった。だが、リスク管理の本部としては、たまたま事故が発生していないからといって、「正規マニュアル」に逸脱する状態を決して看過してはならない。リスク管理は「結果オーライ」というわけにはいかない。

c　現場の判断に基づく作業

事故はステンレスバケツ内で溶解した溶解液を、そのままステンレスバケツを使って大鍋のような形状の「沈殿槽」に一気に大量に流し込んだときに起きた。臨界を防ぐ工夫の要点である、容器の形状管理と量的管理との2点が、「大鍋形状の沈殿槽」と「一気の大量流し込み」で二つとも破られた。これが臨界事故の直接の原因であった（【図表14】）。

「未承認現場マニュアル」では、溶解液は「貯塔」に注ぎ込むことになっていた。その現場マニュアルさえ無視して「貯塔」ではなく「沈殿槽」に注ぎ込んだ理由は「貯塔は取出しまで約3時間かかる。沈殿槽なら作業が約30分に短縮できると考えた」からとされる（朝日新聞平11・10・30朝刊）。そこまでして時間を短縮したかった背景には「96年には68人いた製造部門スタッフは、38人にまで絞り込まれた」（同紙）という、リストラ推進の事情があると思われる。

d　事故原因と「未承認現場マニュアル」

臨界事故の直接原因は溶解液を沈殿槽に大量に流し込んだことである。「未承認現場マニュアル」自体は「溶解作業をバケツで行ってもよい」としたにすぎず、溶解液を沈殿槽へ流し込むことを認めていたわけではない。したがって、「未承認現場マニュアル」が作成されていたのは「不適切なことではあったが、臨界事故の直接の原因ではない」という見方もある。

しかし、「正規マニュアル」で厳格な溶解工程がきちんと規定されているところに、「ステンレスバケツ」という簡易な作業手段を持ち込んで文書化したのは「未承認現場マニュアル」である。一度バケツ作業の発想が持ち込まれたら、「溶解作業だけでなく沈殿槽への流し込みもバケツでやってしまおう」という発想へはほんの一歩の違いしかない。そう考えると、「未承認の現場マニュアル」が危険な沈殿槽への流し込みを誘発したというべきである。

【図表14】　臨界事故時の作業員の推定位置

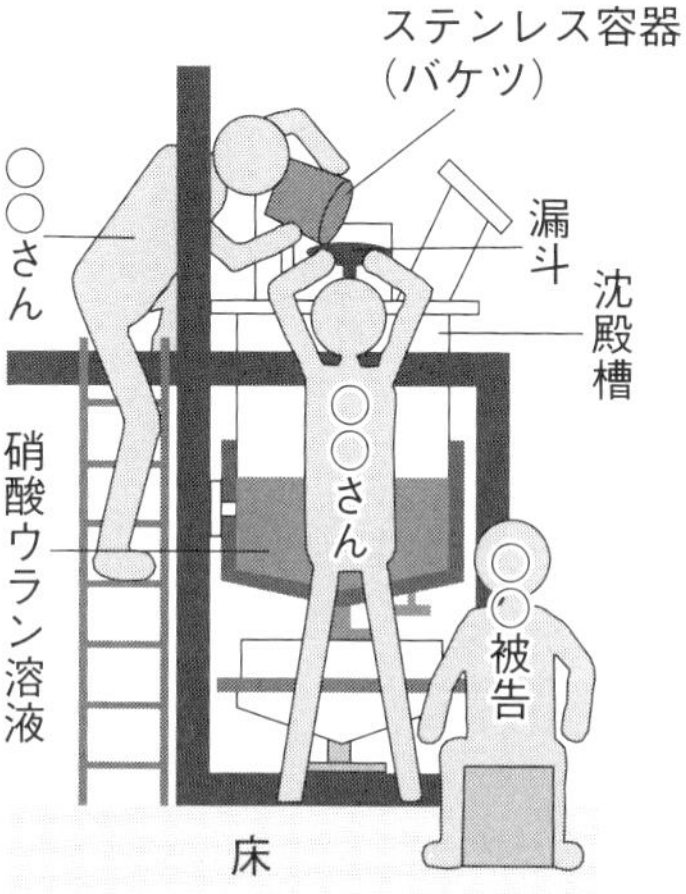

（出典）　朝日新聞平13・4・23夕刊。なお、画像の一部を加工している。

一度「未承認現場マニュアル」が発生してマニュアルが緩和されてしまうと、その先にはさらに危険な状況が次々と生まれる可能性がある。「臨界事故」はそのことを教えている。

(3) 「未承認現場マニュアル」への対策

a 内部監査の充実

「未承認現場マニュアル」の発生を防止するには、内部監査を充実させて「正規マニュアルが順守されているか」「本部が認めていない実務処理方法が常態化していないか」「本部の知らない現場マニュアルが存在していないか」を徹底してチェックすることが必要である。

b 「モニタリング」の工夫

さらに、内部監査と並んで「モニタリング」を行うことが望ましい。「モニタリング」とは現場の生の状況をありのままに把握することである。平成21年の「踏切事故」では「開かずの踏切」として地元の人々の不満が強かったため、人命リスクの重圧を受けながらも、わずかな時間でも遮断機を上げてあげたいという現場の気持ちがあった。「臨界事故」ではリストラが推進されるなかで作業効率を上げなければならないという現場固有の事情があった。こうした現場の実情を、客観的な状態にとどまらず、現場の心理状態にまで踏み込んで汲み取り、理解することが、本部には求められる。その上で「正規マニュアル」改定の必要性や改定の方向性について検討すべきである。

c　モニタリングと内部監査

こうした、現場の細やかな事情の把握は内部監査だけでは難しい。内部監査はどうしても「監査項目に従ったチェック」にとどまってしまいがちである。現場固有の問題点を忠実に把握するためには、内部監査とは別個の手段を考える必要がある。それが「モニタリング」だ。

d　モニタリングの方法

モニタリングの具体的方法は各社で工夫するしかない。①本部担当者が現場を訪れ、現場担当者とひざを交えて意見交換をする「現場対談」、②徹底して匿名性を守った上で現場の偽らざる意見を集める「現場アンケート」が挙げられる。③「セルフチェック・シート」を配布して自己点検結果を記入させる方法も、前提条件として「問題点、課題をみつけられるのが優れた現場管理職である」という企業文化が確立されていれば、効果的である。

11 マニュアルの見直し

(1) 必要性

a なぜ見直しが必要か

マニュアルは定期的に、また事象発生の都度、見直しをしなければならない。マニュアルは「不磨の大典」ではない。マニュアルの目的は危機への対処方法を平時に冷静に判断しておくことにある（本書132頁）。だが、その判断が常に絶対に正しいというわけではない。企業環境はIT事情、雇用環境、気象環境、金融環境など年々変化している。定期的な見直しは不可欠である。さらに実際に非常事態を経験したときは、事後に分析と反省を行い見直しを行わなければならない。そうした見直しをしてこそ「実践的マニュアル」であり続ける。

b 東日本大震災と見直し

東日本大震災の当日、首都圏の公立小学校では児童を一斉下校させた学校と学校にそのまま留め置いた学校とに、対応が分かれた。だが児童の保護者が「帰宅難民」となった例が多く、保護者が「帰宅したら、停電中の部屋で子供が震えていた」ケースもあったという（朝日新聞平23・8・3朝刊）。保護者としても「子供は学校が預かってくれている」と明確に決まっていたほうが安心である。そうした観点から、首都圏の公立小学校は「防災マニュアル」を、強い地震が起きたとき児童を下校させず、学校に留め置き、保護者に直接に引き渡す方式に改定しているという（同紙）。同様のことは企業にもいえる。今震災の「帰宅難民」の教訓を踏まえ、従業員や商談客は社屋に留め置き、安全を確保する方針に変えた企業が多い。東京都も帰宅困難者や避難者に対する食糧・飲料水の備蓄を義務付ける条例の検討を開始したという（毎日新聞平23・10・2朝刊）。

(2) 対策

マニュアルの定期的見直しは、毎年、時期を決めて、企業環境の変化、社内の意識の変化などを反映させた見直し作業を行う。その際、マニュアルには改定日を記載する。非常事態発生後の個別見直しを行う際は、現場や利害関係者の声をつぶさに集めて分析した上で改定の検討を行う。いずれの場合も、改定の検討経過の記録を保存しておくことが望ましい。企業として安全確保義務を履行した証拠となる。

12 マニュアルの「メンテナンス」

マニュアルもメンテナンスが必要である。第一は、保管場所を定めて社内に周知することである。いざ事象発生というときにマニュアルがどこにあるかわからないのでは困る。ある企業ではリスク管理担当者が全社的マニュアルを作成することとなったが、作業開始後、2、3カ月経過したときに前任者が作成したマニュアルが「発見」されたという。第二は、改定状況の確認である。「コースター安全バー事故」（平成23年1月30日。本書135頁）では、器材が輸入されたときのマニュアルには「ロックは手で触って確認する」と記載されていたのに、事故当時、事業者の手元では確認方法の記載がなくなっていたという（朝日新聞平23・7・1朝刊）。器材が、メーカー、販売会社、事業会社を転々とするうちにマニュアルが変化したり、紛失したりすることはあり得る。購入時は販売先に対して、マニュアルの存在と内容とをしっかりと確認する必要がある。不足な場合は補充を受けるか、メーカーから改めて内容の説明を受けるべきだ。

☑ 本節のチェックポイント

1	リスク管理マニュアルの目的は前もって平時に判断しておくことと、対処事項の漏れ防止にあると意識されている	□
2	リスク管理マニュアルの整備は法的義務だと意識されている	□
3	マニュアルにはリスクへの対処方法が具体的に定められている	□
4	マニュアルには現場の判断に委ねている部分はない	□
5	マニュアルでは「なすべきこと」が項目として表されている	□
6	マニュアルに「もとより」など微妙な表現はない	□
7	マニュアルには「配慮しつつ」など条件的な表現はない	□
8	マニュアルでは基準が「数値」で明記されている	□
9	イラストを利用した「見てわかる」マニュアルとなっている	□
10	マニュアルに「誤記」はなく、複数マニュアル間に「齟齬」はない	□
11	マニュアルの保管場所と内容は現場に周知されている	□
12	マニュアル順守状況の監査やモニタリングがなされている	□
13	「未承認現場マニュアル」は作成されていない	□
14	マニュアルは定期的に見直しが行われている	□
15	マニュアルは非常事態の経験後、見直しが行われている	□

第8節 「ハード・マネジメント」でリスクを避ける

1　ハード・マネジメントの必要性

企業行動基準やマニュアルの作成、内部監査や研修の充実など、いわば「ソフトウエア面」のマネジメントと並んで、設備や器材などの管理、「ハードウエア面」のマネジメントも、リスク回避のためには劣らず重要である。ほんのわずかな注意の欠如が重大な結果を招くおそれがある点では、ハード・マネジメントはソフト・マネジメントにはない独特の怖さを持っている。

ソフト、ハードの両面からリスク管理体制を進めるべきことは判例も指摘している。高価な毛皮や宝石を取り扱う卸店に深夜強盗が入り宿直していた従業員が犠牲となった事件で、裁判所は、従業員に対する安全配慮義務を尽くすためには、「宿直業務についての従業員教育」の実施と並んで、のぞき窓、防犯チェーン、防犯ベルなどの「物的設備」を充実させる義務があったと指摘している（「宝石商事件」名古屋高判昭57・10・27判例時報1058号73頁）。ソフト、ハード両面にわたるリスク管理体制の整備は企業にとって法的義務である。

ところが、実際のリスク管理ではソフト・マネジメントに比べて、ハード・マネジメントに対しては相対的に低い関心しか向けられていないように思われる。

2　オフィス備品の管理

(1)　各種用紙、印鑑などの管理

ちょっとした注意を怠ったことが重大な被害につながった実例として「公社海外送金事件」がある。ある地方住宅供給公社の従業員が8年間にわたり合計14億円を上回る金銭を横領し海外の知人に送金していた。公社は専務理事、総務部長らに対して「委任契約」「雇用契約」に基づく管理責任を根拠として賠償請求訴訟を提起した。裁判所は、①口座振替を行うには公社と銀行との合意で「専用の用紙」を使う決まりであったのに銀行備付けの「一般用紙」が使用される実態となっていたこと、②銀行印を兼ねる公印（公社の印）が、本来は施錠して一定の場所に保管する決まりであったのに、総務部長の机の上かキャビネットの上に置かれていて総務部長らが不在のときは自由に押印できる状況にあったことを指摘して、被告らに管理上の責任があったことを認めた（青森地判平18・2・28判例時報1963号110頁）。

この判例からわかるように、各種用紙の適切な保管や使用枚数のチェックは、リスク管理上欠

かせない事柄である。「印鑑」についても、代表者印など重要な印鑑については、施錠できる場所に保管し、使用目的、責任者、日時を記録する「押印記録」を作成するなどして厳重に保管する必要がある。裁判で書類の作成経緯が問題となるときは、「押印記録」は決定的な証拠になる。公社海外送金事件では送金を依頼され実施していた銀行も、「疑わしい取引」に当たるのに疑問を抱かなかった点に行内の監視体制上の問題があったとして業務改善命令を受けている（日本経済新聞平14・6・21朝刊）。多額の金額に関する送金用紙には職業欄に「公務員」、資金使途欄に「住宅建設費」「レストラン経営費」と書かれていたと報じられている（朝日新聞平14・1・12朝刊）。

(2) オフィス廃棄物の管理

「銀行名簿紛失事件」（平成17年4月に同銀行が開示。本書11頁）では、顧客情報131万人分を記録したCD—ROM3枚が本店業務推進部に社内便で運ばれ、担当行員の机の上に置かれた後、行方がわからなくなったという。銀行は「行員の机の横にある屑カゴに落ちた可能性が大きいとみている」と報じられている（日本経済新聞平17・4・23朝刊）。おそらく屑カゴのなかに落ちた状態で回収業者によって廃棄されてしまったのであろう。本当に廃棄されたのであれば顧客の情報が流出する実質的危険性はない。だが、廃棄されたという確証がない限りは、「個人情報流出事件」として扱わなければならない。当然、顧客への注意呼びかけ、謝罪、行政への報告などが必要になる。

この事件以後、ある銀行は内部の「屑カゴ」をすべて「蓋付き」のものに変えたという。これだけを聞くと些細なことに思われるかもしれない。だが、名簿紛失事件を起こした前記の銀行は行政当局から個人情報保護法に基づく初の是正勧告を受け、また業務改善命令も受けることとなり、さらに役員8名の辞任にまで至っている。そのことを考えると決して些細なこととはいえない。ハード・マネジメントは、緊張感をもってこうした細部にまで気を配り工夫するところから始まる。

3 メンテナンスの励行

(1) 定期的メンテナンス

設備・機材の保守管理はハード・マネジメントの重要部分を占める。平成16年8月9日、発電所の二次冷却管が破断する事故で5名の尊い命が失われた（「原発二次冷却管破断事故」朝日新聞平16・8・10朝刊、朝日新聞平16・8・26朝刊）。破断の原因は10㎜の厚さがあった冷却管が長年の使用で0・6㎜に減少していたことにあった。そこに高圧・高熱の水蒸気を通したことで冷却管が破断したのである。問題の冷却管は、設置以来27年間検査をしたことがなかったという。会社側は「冷却管の検査義務が法定されていないこと」に言及していたが、ハード・マネジメントの徹底という観点からすれば、法定されていようといまいと、定期的な検査は行うべきであった。

平成19年5月5日、遊園地のジェットコースターの車軸が折れ犠牲者を出す事故が起きた（「コースター車軸事故」朝日新聞平19・5・6朝刊）。運営会社は、探傷試験などの定期検査は実施していたものの、車軸の交換は、設置以来15年間一度もしたことがなかった。どのような部品も耐用期間があり、定期的な交換は必要である。その遊園地は事故をきっかけに訪れる客が減少し、平成21年に至って閉園するところとなった。

(2) ユーザーとメーカーとの情報交換

「コースター車軸事故」で遊園地運営会社は「メーカーから交換時期などの指示はなかった」と述べている。しかし、報道ではコースターのメーカーは他の運営会社に対しては「経年劣化と（金属）疲労は探傷検査では見つけられません」と文書に記載し、8年で車軸を交換するよう文書で依頼していたという（日本経済新聞平19・5・11朝刊）。なぜ事故を起こした運営会社に連絡がなかったのかは不明だ。だが、ハード・マネジメントを充実させるためには、一般論として企業は、設備・器材などのメーカーと密接にコンタクトをとり、安全管理上の情報を常に受け取るように努めるべきである。このケースはその点を教えている。

4 稼働試験

メンテナンスの延長として、定期的に各種設備・機材の稼働試験を行うことがハード・マネジメントとして有効である。昭和47年5月13日に発生した百貨店の火災は100名を超える犠牲者を出す大惨事となった（「百貨店火災」）。同火災の刑事裁判では、防火シャッターが故障で閉められていなかったこと、別のシャッターについては電動であることを従業員が知らずに開けられなかったことが被害を大きくした原因であると指摘されている（大阪高判昭62・9・28判例時報1262号45頁）。シャッターの稼働試験、防火訓練を実施していれば、被害をより小さくすることもできたと思われる。

東日本大震災後、計画停電の実施や節電要請が行われる状況下で、テナントビルや工場などでは「自家発電設備」の稼働が現実の問題となっている。だが、実際に稼働させたときに油漏れなどの故障が起きることも考えられる。建築基準法、消防法などで各種の点検が義務付けられてはいる。しかし、ハード・マネジメントの観点からは、法的な点検義務の有無にかかわらず、可能な限り実際の稼働試験を行って稼働状況を確認し、必要な手当てをして、いざというときに備えておくべきである。

5　自社建物と建物設備の安全対策確認

(1)　耐震力確認

東日本大震災では建物の耐震力が重要であることが改めて強く印象付けられた。耐震力に関する規制は度々改正されてきたが、宮城県沖地震を受けて改正された昭和56年の「新基準」が大きな変わり目であるとされる。したがって、自社ビルは新基準以後の建物であるか、以前であるときは耐震補強工事は行われているかを確認しておくことが必要である。

(2)　エレベーターの機能確認

平成18年6月3日に東京都港区で起きた「エレベーター事故」の原因がブレーキの異常磨耗であったことから、平成21年、建築基準法施行令の改正によりエレベーターの「待機型二重系ブレーキ」に関する評価基準が設けられた。また、東日本大震災ではエレベーター内の閉じ込め事故が多発した。これを受けて国土交通省は地震を感知した際に最寄階まで動いて止まるシステムを取り付けることを推奨することとし、そのための費用を補助する方針を固めたことが報じられている（日本経済新聞平23・8・21朝刊）。

オフィスビルを保有、利用している企業は、こうしたエレベーターの安全対策についてもビル運営会社に再確認しておくことが望ましい。

6 設計への関心

リスク管理担当者ばかりでなく経営陣も、各種製品や設備などの「安全設計」についても「技術者に任せる」などと言わず、ぜひ関心を持っていただきたい。平成17年4月25日に起きた「脱線事故」について当時の鉄道事業部長の刑事責任（業務上過失致死傷）が問われていた事件で、平成24年、無罪とする判決が下された。事業部長個人は無罪であったが、判決は、組織については安全対策という点からみれば「大規模鉄道事業者としての会社に期待される水準に及ばないところがあった」と厳しく批判している（神戸地判平24・1・11公刊物未登載）。問題のカーブを半径約600mから約300mとした鉄道事業部長が安全装置ATSを設置しなかった、その対応が適切であったかが問題とされた。平成23年9月6日には、旅客機がほとんど背面飛行に近い異状飛行を行う事態が起きた（「背面飛行事故」）。原因は、機長が操縦席に戻る際に副操縦士が操縦室ドアの解錠スイッチと、方向舵を調整するスイッチとを間違えて操作したためだとされる。テレビ報道によると、二つのスイッチは同じ平面上にあり、しかも30㎝ほどしか離れていない状況で設計されていたという。リスク管理の観点からするとドアの開け閉めスイッチと飛行機全体を動かすスイッチとを近接して置く設計思想には疑問がある。

経営陣、リスク管理担当者自身が技術専門家である必要はないが、設計担当者に対しては常に「設計上、安全上の配慮を最優先にしてほしい」と要請し続け、とくに安全装置などリスクの直結する部分の設計、仕組みについては設計担当者から直接に説明を受けるくらいの姿勢を持つことは必要である。

☑ 本節のチェックポイント

1	設備・器材など「ハードウエア・マネジメント」の重要性も認識されている	□
2	各種用紙・印鑑・廃棄物などオフィス用品の管理が徹底されている	□
3	設備・器材のメンテナンスに配慮されている	□
4	設備・器材の稼働試験を行っている	□
5	自社の建物や設備の安全対策を確認している	□
6	経営陣・リスク管理担当者が各種設計上の安全対策に関心を持っている	□

第9節 「調達マネジメント」でリスクを避ける

1 「調達マネジメント」の重要性

(1) 原料・部品の調達

原料、部品、サービスなどの「調達網」(供給面から見れば「サプライチェーン」)を普段から確保しておく「調達マネジメント」は、「企業活動の停止」という最悪リスクを避ける上できわめて重要な事柄である。

東日本大震災では、多くの企業にとって「調達の確保」が最大の課題となった。岩手、宮城、茨城3県で4製鉄所が被災して自動車向け「鋼板」の製造が困難となり、そのため、自動車メーカーの多くが平成23年3月15日以降、操業を停止せざるを得なくなった(朝日新聞平23・3・15朝刊)。「調達の確保」が企業の死命を制することを、我々は改めて思い知らされた。平成23年10月に深刻化したタイの洪水では、180社の日系企業が進出しているアユタヤ県の2カ所の工業団地が浸水し、多くの工場が操業困難となった。現地の生産が停止したため、自動車部品メーカーや電子部品メーカーは、タイから熟練工を招いて日本で代替生産することにしたと報じられている（日本経済新聞平23・12・4朝刊）。「ノウハウ」は生産現場にしか存在しないからである。

(2) IT・物流サービスの確保

「調達マネジメント」の必要性はメーカーに限らない。例えばITシステムのメンテナンスを外部に委託している場合、その委託先が被災すればたちまち業務に支障を来す。東日本大震災後、複数の食品メーカーが、トラックの物流が滞った教訓を踏まえて、輸送手段をトラック主体から鉄道、船舶、航空機による輸送に分散する計画を進めている（日本経済新聞平23・9・28朝刊）。

2 複数の調達先を確保しておく

東日本大震災後、「調達先を1社に絞っておくとリスクが大きいので、平時から調達先を複数にしておくべきだ」との指摘がなされている。必要なときに必要なだけの調達をする「ジャスト・イン・タイム」（適時適量型物流）から「ジャスト・イン・ケース」（有事想定型物流）への転換とも関連する（日本経済新聞平23・4・4朝刊）。

これに対しては、「寸断されたらみんなで協力して復旧すればよい。有事の際に費用がかかっても、平時に在庫をたくさん持つよりコストは安い」との考え方も示されている（同紙）。

リスク管理として、「複数調達方式」に切り換えるべきか、「1社調達方式」を維持すべきか。リスク管理の在り方に係る「経営判断」の一つである。取締役の善管注意義務の一つであり、慎重な判断が必要だ。日本企業は1990年代までは調達リスクを避けるため「2社購買」「3社購買」というように「複数調達方式」を採ってきた。その後、リスクよりもコスト削減を優先するようになり、「1社調達方式」に転換してきた歴史がある（「福島原発事故と日本経済」選択平成23年4月号68頁）。

いずれが正しいというわけではない。要は1社調達によるコスト削減効果と複数調達によるリスク回避効果との兼合いということになる。ある自動車メーカーのトップは大震災を通じて明らかとなった修正すべき点の一つとして「代替のきかない重要部品は調達先を複数化する必要がある」と指摘している（日本経済新聞平23・12・23朝刊）。

3 複数調達先の実態を把握しておく

複数調達方式を採るにしても、その調達先の実態をできるだけ詳しく把握しておくことが必要である。ある電機機器メーカーのトップは「リスク管理のために2社から購買している部品がある。しかし、この2社が使用している材料が被災した1社から供給されていたため、調達が滞ってしまった例がある」として、「サプライチェーンを詳細に把握して部品調達先や協力会社の分散化を進める必要がある」と指摘している（日本経済新聞平23・4・5朝刊）。調達先のそのまた調達状況までを知っておくことが必要なのだ。

せっかく調達先を複数化したとしても、それらの調達先の製造拠点が地理的に近接していれば、万一の場合には同時に被災してしまう可能性がある。調達先の実際の製造施設の配置状況、作業員の通勤状況などまで把握して、リスクが分散しているといえるかを、見極めておかなければならない。

4　有事の際の支援策を契約で定めておく

「1社調達方式」とした場合は、有事の際には自社から調達先に出向いて支援するなど、積極的な復旧支援策を取ることが求められる。前記の「寸断されたらみんなで協力して復旧すればよい」という言葉はそのことを意味している。東日本大震災では「車載用マイコン」で世界のトップシェアを持つメーカーが被災して深刻なダメージを受けた。しかし、震災から数日後には複数の自動車メーカーから支援したいとの要望があり、一時は総勢２５００人の技術者が送り込まれる状況になったという。その結果、当初は平成23年10月末と予測されていた製造能力の復旧が、同年9月末までに早まる見通しにまでこぎつけた（日本経済新聞平23・9・19朝刊）。

支援するにしても、調達先が必ずしも支援を受け入れるとは限らない。企業秘密の問題などもあるからだ。また、支援のために派遣された技術者たちの宿泊施設など現実的な課題もある。実際、前記の「車載用マイコン」で知られるメーカーに関してある自動車メーカー幹部は「もし宿泊施設など確保できるなら1000人でも送り込みたい」とコメントしている（日本経済新聞平23・4・9朝刊）。

そこで、あらかじめ部品、原料などの供給契約のなかで、支援体制の具体策について「有事の際の支援協力条項」として定めておくことが望ましい。

5　「調達先切換えリスク」に備える

(1)　「組合せリスク」に対処する

a　「調達先切換えリスク」

調達先に対する支援も困難となると、「調達先の切換え」を考えなければならなくなる。

その場合、様々な「調達先切換えリスク」が想定される。まず、新たな調達先から仕入れた部品、素材などを完成品に組み合わせて使用することで、新たな技術上の「組合せリスク」が生じ得る。その点の確認が必要である。

b　稼働試験の必要性

調達先を切り換えるときは相当な期間の稼働試験を行うことが求められる。特殊な「専用品」はもちろんのこと、たとえ「汎用品」であっても、実際に使用し組み合わせた場合に、期待されている品質が本当に保たれるのかは予測ができないからである。「実際に組み合わせて数カ月稼働させてみないと、安全性は確認できない」という製造責任者の声もある。

c　ＰＬ法との関係

製造物責任法（ＰＬ法）上は、「部品、原料メーカーは、完成品メーカーの設計、指示に従って製造し、欠陥の発生について過失がなかったと証明すれば、完成品から生じた人身事故などについて賠償責任を負わない」というルールが定められている（同法4条2号）。企業の「社会的責任」としても、完成品から生じた欠陥品事故について世間に対して直接に矢面に立つのは完成品メーカーである。

(2)「継続的取引法理」に注意する

a　「解約条項」などが適用されない場合

調達先と部品、原料に関する「供給取引契約書」が交わされているときでも、そこに規定されている「解約条項」「更新拒絶条項」が必ずしも文字どおりには適用されない可能性がある。

契約書に「契約期間中であっても解約の3カ月前までに通知すれば解約できる」という「解約条項」が入っていたり、「契約期間満了の3カ月前までに更新しないとの通知をすれば契約は終了する」という「更新拒絶条項」が定められていたりしたとしても、これらの条項がそのまま適用されるとは限らない。

b 継続的取引の法理

裁判例では「たとえ更新拒絶条項が定められていても、取引期間が長く続いているときは、債務不履行、その他これに準ずるやむを得ない理由がある場合でなければ更新拒絶はできない」という考え方が確立されている（札幌高決昭62・9・30判例時報1258号76頁など）。これを「継続的取引の法理」という。この考え方は契約が自動更新され契約期間中である場合に解約する「期中解約」の場合にも適用される（東京地判昭62・8・28判例時報1274号98頁など）。

問題は、「震災に被災したため供給不可能」という事実が解約を正当化する「やむを得ない理由」に該当するかである。将来、調達先から「震災に仮託した不当な解約である」と提訴される可能性もある。こうしたリスクに備えるためには、本当に「供給不可能」の状況になっているかを十分に確認しておくべきである。

c　契約書がないとき

調達先との間で「供給取引契約書」が作成されていないときも、基本的には前記と同様である。裁判例はこれを「期間の定めなき取引契約」と呼んでいるが、「継続的な取引を解約するには、相当の予告期間を置くか、相当の損失補償をしない限り、重大な事由があるのでなければ解約はできない」というルールが確立されている（名古屋高判昭46・3・29判例時報634号50頁など）。

(3)　日本の取引社会の風土に留意する

東日本大震災ではドラスティックな調達先の切換えは少なかったのではないかと思われる。むしろ「3カ月で必ず復旧しますから、切り換えないで待っていてください」と言う調達先に対して、「わかりました。待っています」と待ち続けた企業のエピソードが数多く聞かれた。長年の取引関係で培われた相互の「信頼関係」を大切にする日本の取引社会の伝統のなせる技である。この伝統が「調達の確保」をかえって強固なものにした。ある米国の弁護士は前記の「継続的取引の法理」が理解し難いという。「契約書に3カ月の予告で解約できると明確に書いてあるのに、なぜ解約できないのか」と疑問を呈する。だが、長く続いた取引関係の絆を大切にする日本の取引社会の伝統的な文化が東日本大震災の被害を最小限に食い止めたのではないか。

ただし、こうした風土があることの反対側には、「震災があったからといって、ドラスティックにさっさと調達先を切り換えるような企業とは、復旧後もお付き合いはごめんだ」という、レピュテーショナルリスクの危険性もある。調達先の切換えという「経営判断」を行うに際しては、こうした社会的反響についても慎重に配慮することが求められる。

✔ 本節のチェックポイント

1	「調達マネジメント」の重要性が認識されている	□
2	「1社調達方式」と「複数調達方式」との長短を比較検討している	□
3	調達先自身の調達ルートなど、実態を把握している	□
4	複数調達先は地理的に離れた製造拠点を有している	□
5	有事の際の調達先支援策について、あらかじめ合意をしている	□
6	調達先を切り換える際に、新たな部品、原料との組合せリスクを考慮している	□
7	調達先を切り換える際に「契約的取引の法理」の訴訟リスクを考慮している	□
8	調達先を切り換える際に、信頼関係尊重の日本的風土に配慮している	□

第10節 「取引先マネジメント」でリスクを避ける

1 「取引先マネジメント」の必要性

企業のリスク管理は、自社内の体制を整備しただけでは足りない。取引先に関するマネジメントも重要な課題である。このことは、例えば自社が製造委託している会社が、廃棄物を不法投棄していたり、サービス残業を強制していたりする場合を考えればわかっていただけると思う。こうしたとき、取引先がマスコミの糾弾を受けると「実態を知っていて委託していたのではないか」として自社にまでレピュテーショナルリスクが及ぶ可能性がある。

(1) サービス委託取引の場合

システム作成や輸送などのサービス事業を取引先に委託している場合は、取引先の業務遂行状況を観察しておく必要がある。平成19年3月、大規模な「名簿横流し事件」が発覚した。保険会社、カード会社など複数の企業が、顧客名簿のシステム化業務をシステム会社に委託していたところ、その元社員がデータをコピーして持ち出してネット通販を利用する詐欺グループに売り渡していたのである。その結果、委託元企業43社のデータ、合計863万人分が流出した（日本経済新聞平19・3・13朝刊）。この件では受託していたシステム会社と並んで、保険会社、カード会社も謝罪広告を掲載する事態となった。

(2) 製造委託取引の場合

同様のことはメーカーの製造委託取引でも起き得る。平成20年10月、食品会社に製品から異臭がするというクレームが寄せられた。調査の結果、異臭発生の原因は、包装材の製造を委託していた先で、フィルムを貼り合わせたときの接着剤が残っていたことが原因であると判明した（日本経済新聞平20・11・2朝刊）。この件でも当初は食品会社自身に苦情が寄せられ、対応に追われた（朝日新聞平20・10・31夕刊）。

(3) 基本的なスタンス

注意すべきは、これらの場合、個人情報のシステム化を委託していた会社も、包装材の製造を委託していた会社も、世間の非難に対して「問題を起こしたのは委託先であり、当社ではありません」という反論はできないということである。会社に個人情報を預けていた消費者からすれば、情報が委託元の企業から流出したか、その「取引先」であるシステム会社から流出したかは関係のないことであり、「個人情報の流出」という被害だけが厳然として生じている。委託元と

【図表15】　委託先からの情報漏洩

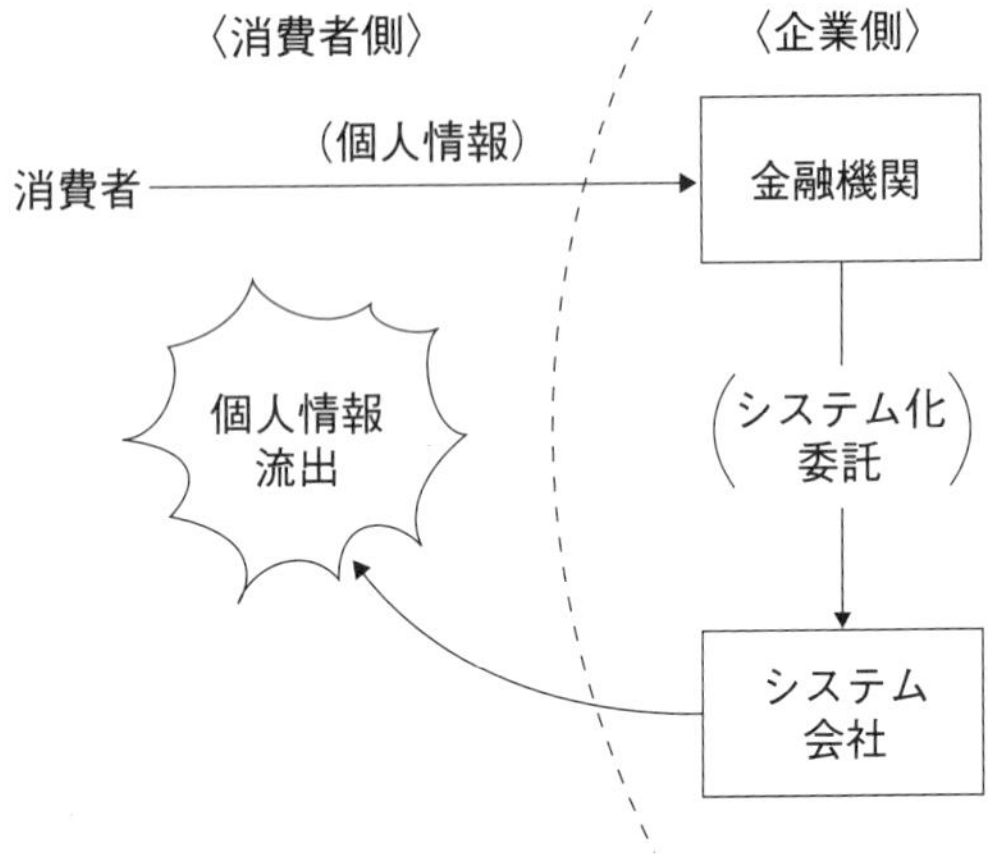

しては「受託会社の情報管理に問題があったのではないか」という言い分もあると思われるが、それは企業同士の「内々の問題」にすぎない（【図表15】）。

また、異臭のする製品を買った消費者からすれば、原因が食品メーカーにあるか、包装材メーカーにあるかは関係のないことであり、迷惑を被った、不快な思いをしたという結果だけが問題なのである。「包装材の製造管理に問題があったのではないか」という問題は「内々の問題」である。

企業は、各種サービスの外注、部品・原料の仕入、製造委託など、多くの取引関係を築いて事業を推進していく。だが、いったん製品やサービスに不具合が生じると「対消費者」という関係では、取引関係にあるすべての企業が、「企業側」として、常に「共同責任者」ともいうべき立場になる。問題が発生したときは、まず顧客・消費者に対して謝罪し、取引先企業と協力して原因を究明し、法的な必要があれば損害を賠償するのが取るべきスタンスである。取引先に過失があるとしても、実際に損害賠償請求のアクションを取るのは第二段階の事柄だ。

こうした状況に陥らないために、「取引先マネジメント」がリスク管理の一環としてきわめて重要なのである。

2 取引開始時のマネジメント――信用調査

(1) 「経済的信用性」と「社会的信用性」

取引開始時のマネジメントとして、新たな取引先と取引を開始する際には、取引先候補が「経済的信用性」と「社会的信用性」とを兼ね備えているかを審査し、選択することが必要である。そのための「審査基準」と「審査プロセス」とを用意しておくべきである。

「経済的信用性」とは営業実績や業績の推移からみて倒産の危険がないかということであり、「社会的信用性」とは、コンプライアンスやCSRの面からみて、消費者や社会から信頼される企業であるかということである。

現代では、経済的信用性に劣らず、社会的信用性の重要性が増している。「牛肉ラベル偽装事件」(平成14年1月発覚)や「耐震偽装事件」(平成17年11月発覚)に見られるように、「不正を行った」というだけの理由で企業が消滅していく時代である。

(2) 審査プロセスの励行

取引先候補の「審査プロセス」は例外なく、必ず実践すべきである。かつて巨額の貸倒損失が発生した事件で、なぜ審査が甘かったかを調査したところ、「トップの紹介だから、審査部も遠慮して…」といったケースがあった。

(3) 各種資料による調査

審査は、経済的信用性、社会的信用性の両面にわたって、各種資料を収集して調査、確認を行う。具体的な調査としては、会社の商業登記簿、信用調査会社の提供する資料、新聞報道記事、ネット情報などの収集・調査を行う。さらに取引先候補会社の協力が得られるならば、最近の会計資料などを収集して検討する。

「商業登記簿」は有力な判断資料である。本店がたびたび移転している会社、交渉直前に本店が近隣に移動してきた会社、役員が不自然に交代している会社、不自然な増資が相次いでいる会社、事業目的が脈絡なく多岐にわたっていて何が本業なのかわからない会社などは、注意が必要である。

過去の実例で、取引開始交渉を続けていたところ、その候補会社は清算手続に入ったのにこちら側には隠しておき、関係者が他の地域で全く同名の会社を設立して、なに食わぬ顔で交渉を継続していたケースがある。商業登記簿を定期的にチェックすることも必要だ。

(4) ヒアリングと実地調査

a　ヒアリング

前記のような資料による調査に加えて、同業者などからのヒアリングも行うべきである。ヒアリング時のちょっとしたニュアンスで取引先候補の同業者間の評価を知ることができる。多くの企業では、実地調査はあまり行われていないように思われる。机の上で得られる情報に劣らず、実際に足を使うヒアリング調査は重要である。

b　実地調査

また、取引先候補の本店が置かれている場所に赴いて周辺を含めて視察することも有益である。現地に行ったところ、事件屋、暴力団が入居しているビルであり、明らかに暴力団員と思われる人物が出入りしていて観察もままならなかった例がある。本店の所在地に赴いたところ、ただの空き地であった例もある。

さらに、交渉の過程で、取引先候補の事務所を訪問する機会を得たら、オフィスの雰囲気をよく観察することが必要だ。オフィス内の各種掲示物、従業員の稼働状況、電話の応対、訪問者の様子などから、相当な判断材料を入手することができる。

c　工場見学

取引先候補がメーカーであれば工場見学は不可欠である。自社として知見のない技術分野であれば、その分野に明るい人物に同行してもらうことが望ましい。資金繰りに窮した元ベンチャー社長らが、金属加工会社に開発見込みのない「超音波電解研磨機」なる工作機械の共同開発話を持ち掛けて10億円をだまし取り、詐欺罪で逮捕された事件がある（「超音波研磨機事件」朝日新聞平7・8・23夕刊）。「未開発の技術をさも開発済みであるかのように装った」（同紙）と報じられている。ちなみに、ある詐欺グループの首謀者は、「技術のことをあまり知らない人たちは、工場をピカピカに磨いてさえおけば、たとえ10年前の技術でも喜んで見て帰ってくれる」と語っていたという。

3　取引開始時のマネジメント――暴力団非該当の確認書

(1)　暴力団非該当確認書

平成23年10月1日に東京都の暴力団排除条例が施行されたことで全国的に暴力団排除条例が出そろった。大半の暴力団排除条例では、①取引を開始するにあたって相手方が暴力団関係者でないことを確認すること、②相手方が暴力団関係者であると判明したときは無催告で解除できる条項を取引契約に盛り込む努力をすることの2点がポイントとされている。

そこで、必要と思われる場合は、取引開始時に相手方に対して暴力団関係者に該当しないことの確認書を提出してもらうことが望ましい。

確認書

当社は、暴力団、暴力団員、暴力団関係者、その他反社会的勢力に該当する者と取引関係を持っていないことを確認します。将来にわたってもこれらの者と取引関係を持たないことを確認します。

私、当社役員、ならびに当社従業員は、暴力団員、または暴力団員と密接な関係を有する者、その他反社会的勢力に該当する者ではないことを確認します。将来にわたっても、これらの者に該当することのないことを確認します。

万一、以上の確認に反する事実が判明したときは、貴社との取引契約を催告なく解除されても異議を述べません。

暴力団排除条例が全国的に整えられ法的な環境も整ったのであるから、「全国的に暴力団排除条例が施行され、このような確認を求めることが企業に義務付けられましたので…」と説明することで確認書を徴収することは比較的容易だと思われる。

(2) 確認書と詐欺罪による立件

暴力団排除条項が持つ実際的な意義として、暴力団関係者であるにもかかわらず、この条項が入っている契約書を締結して、後に暴力団関係者であると判明したときは、詐欺罪で立件するという手法を警察当局が固めていることを知っておく必要がある。銀行で口座を開設した場合は「銀行口座」という無形の財産的利益を詐取したとして立件し(「口座開設詐欺」日本経済新聞平23・3・4夕刊)、キャッシュカードを得た場合はカードの詐取として立件している(「カード詐取」読売新聞平23・6・4朝刊)。こうした場合、金融機関等は詐欺の被害者として「被害届」の提出を要請される。

(3) 確認書なきとき

不幸にして、こうした確認書がない場合で、取引を行っている過程で相手方が暴力団員など反社会的勢力であることが判明したときも、契約の解約を求めることは十分に可能である。自社としては、相手方が暴力団員など反社会的勢力に該当する者ではないと判断するからこそ契約したのである。仮に該当すると知っていれば契約しなかったはずであり、法的にいえば錯誤無効の主張が成立する。シティホテルで暴力団員と知らず利用申込みを受けた案件で錯誤無効を認めた裁判例がある（「ホテル契約事件」広島地判平22・4・13判例時報2145号58頁。金融法務事情1938号26頁参照）。

(4) 取引謝絶の自由

審査プロセスを進めている過程で取引先候補が暴力団関係者など反社会的勢力であると判明したときは、取引を謝絶する。理由は不要である。取引開始も「経済活動」の一環である以上、「取引自由の原則」が適用されるからである。相手方が「理由を示せ」と交渉担当者に要求してきたとしても「会社としての総合的判断により」と回答すれば十分である。大切なのは自社が会社組織として判断した結果であり、交渉担当者の判断ではないということである。この点を現場に徹底することにより、交渉担当者に対する精神的な圧力を軽減することができる。

4 取引開始時のマネジメント——契約書の対応

(1) コンプライアンス条項の導入

審査に合格して取引開始となった場合、取引契約書に「コンプライアンス条項」を加えておくことが望ましい。従来の取引契約書でも「甲乙とも、契約の履行にあたっては誠実に業務を遂行する」といった程度の抽象的な文言が記載されていた。しかし、この程度であると、万一の事故が起きた場合、「単なる精神的な条項である」と主張されるおそれがある。

そこで、次のような条項を記載しておくことが考えられる。

第○条（コンプライアンス条項）

甲乙とも、本契約の履行に際しては、次の各条項を守ることを約束し、相手方が各条項の一つにでも該当する場合は、相手方の期限の利益は喪失し、催告を要することなく本契約を解除することができる。

1．本契約の各条項に違反する事態があるときに、相手方から相当の期間を定めて催告されたのにもかかわらず期間内に是正しないこと

2．個人情報保護法、労働関係法令、環境保護関係法令、○○法、△△法（業界に関係する具体的な監督法令を例示的に列挙する）その他関係法令、および社会条理（コンプライアンス、ＣＳＲの観点から企業が道義的に順守すべき事柄）に違反する事態があるときに、相手方から相当の期間を定めて催告されたのにもかかわらず期間内に是正しないこと

3．役員、本契約の遂行担当者が、暴力団員、または暴力団員と密接な関係を有する者、その他反社会的勢力に属する者であることが判明したこと

(2) 暴力団排除条例との関係

現在は暴力団排除条例との関係で「暴力団排除条項」だけが話題になっている。しかし、企業のリスク管理からすれば、取引先のコンプライアンス違反行為、CSRに逸脱する行為にも劣らず関心を持たなければならない。暴力団排除問題はコンプライアンス問題の一内容である。

そこで、暴力団排除条項として限定するのではなく、「コンプライアンス条項」として広く定めておき、そのなかに暴力団排除条項も盛り込んでおくことが望ましい（条項例3項参照）。また、そのほうが相手方の理解も得られやすい。

5 取引継続中のマネジメント――フォローアップ観察

取引継続中も、気をゆるめることなく取引先を「フォローアップ観察」することが大切だ。開始時の厳正な審査と同様に、その後のモニタリングも重要である。過去の実例で、取引審査を通過して取引開始後、しばらくは与信枠内で平穏な取引が行われていたが、3カ月を超えた段階で

急激に取引量が増え、自社の債権管理担当者が気付く前に未払いの納品分を持ち逃げされた事例がある。「取り込み詐欺」の典型的な手口である。フォローアップ観察がいかに大切かを示す事例だ。

フォローアップ観察の手法としては、開始時の審査と同じく各種の資料による調査と並んで実地調査を行うことが望ましい。象徴的な事例として、「白バス事件」（平成15年12月家宅捜索）がある。これは企業が輸送業務を委託していた取引先が、国土交通省の許可を得ないで営業をしており、貨物自動車運送事業法違反に問われた事例である。「白タク」ならぬ「白バス」であったケースだが、違法営業だと知っていながら委託していたなどと疑われれば、委託元にレピュテーショナルリスクが及ぶことになる。取引先の実際の稼働状況を日頃から観察しておくことが大切だ。

6　不適切事象発生時のマネジメント

取引先にコンプライアンス上、CSR上不適切な事象が発生したときは、直ちに期間を定めて是正を求め、是正したときは証拠資料を添えて報告するように要求すべきである。上に述べたように、取引先の不適切行為であっても、世間から非難されるときは自社も「共同責任者」と見られるからである。

流通系企業から食品の製造を受託していた企業が、アレルギー物質を使用しているのではないかと問題になったことがある（「アレルギー物質事件」平成15年2月取引停止）。その際、流通系企業はアレルギー物質を使用していないかと製造委託先に問い合わせ、自らも調査し、「使用」を確認すると取引を停止した。さらに、製造委託先を食品衛生法違反で刑事告発まで行っている（朝日新聞平15・4・4朝刊）。取引先マネジメントはここまで徹底すべきだという教科書的事例といえる。

7 暴力団排除問題

取引継続中に相手方が暴力団関係者と判明した場合は、前記のコンプライアンス条項、暴力団排除条項に従って取引中止の手続を取る。中止手続は、内容証明郵便により「取引中止通知書」を相手方に送付する方法で行うのが確実である。

その際、所轄の警察署、弁護士と緊密な連携を取り、組織が一体となって手続を進めていくことが大切だ。平成23年中に暴力団が関与したと見られる企業への加害行為は全国で27件あり、平成22年の1年間の11件の2倍を超えているという（警察庁組織犯罪対策部暴力団対策課企画分析課

「平成23年の暴力団情勢」)。

こうした反社会的勢力側のリアクションから自社を守るために、徹底したリスク管理態勢を取る必要がある。具体的には、①相手方との対応をすべて録音するなど記録すること、②相手方の指定する場所には出向かないこと、③自社側は複数で対応すること、④応答する言葉もあらかじめ用意しておき、不用意に揚げ足をとられないこと、⑤必要に応じて警察官、弁護士の同席、臨席を要請すること、⑥常に組織として対応し、個人として対応しないことなどが必須励行事項である。

平成23年10月18日、建設会社から下請取引を断られた会社代表が、建設会社に「付き合いを止めるなら退職金だ」「1億円でももらっているならいいが」と迫ったとして恐喝未遂で逮捕されている(日本経済新聞平23・10・19夕刊)。暴力団排除問題ではこのような展開がすべての企業にとって明日にも起き得る事柄だ。徹底したリスク管理体制の整備が求められている。

✓ 本節のチェックポイント

1	取引先マネジメントが重要である理由が理解されている	□
2	取引開始時の審査基準、審査プロセスが規定されている	□
3	取引開始時の資料調査は十分に行われている	□
4	取引開始時のヒアリング調査、実地調査は十分に行われている	□
5	取引開始時の暴力団非該当確認書は徴収されている	□
6	取引契約にコンプライアンス条項が規定されている	□
7	取引中のフォローアップ観察を行っている	□
8	取引先に不適切事象が発生したとき、徹底した対応を行っている	□
9	取引先が暴力団関係者と判明して取引を中止するときのリスク管理ができている	□

第3章

被害を最小化する

第1節　情報伝達で被害を最小化する

1　リスク情報伝達の重要性

実際に非常事態が勃発した場合、一刻も早く「被害最小化」（ダメージコントロール）の対策を講じなければならない。だが、肝心の「非常事態が発生した」という事実や「およそどのような事態なのか」が把握されなければ手の打ちようがない。

「原発二次冷却管破断事故」（平成16年8月9日発生）の際、事故の概要について電力会社の関係者が「現段階では写真以外の手がかりがなく…」というコメントをしていたが（日本経済新聞平16・8・10朝刊）、事態の確認は対策の第一歩である。

情報伝達は迅速でなければならない。東日本大震災に関するアンケート調査によると岩手、宮城、福島、青森、茨城の5県の沿岸部では地震発生から津波警報や注意報の情報に接するまで平均23分かかったという（ウェザーニューズによるアンケート）。5県では3800人が当時海岸近くにいたが、うち3割が退避行動を取っていなかったといわれる。アンケート実施会社は「情報伝達の遅さが被害拡大の一因になった可能性がある」と分析しているという（日本経済新聞平23・3・22朝刊）。

2 「現場は情報を吟味せず」

(1) 現場が情報を吟味することの危険性

非常事態が発生し進行も始めると、そのことを示す様々な「リスク情報」が報告されるようになる。大切なことは「リスク情報」が滞ることなく管理部門に上がってくることだ。リスク情報が迅速に上がってくるためには、「現場はリスク情報の吟味をせず、ためらわずに上に上げるように」と徹底しておく必要がある。現場で「この情報は上に報告する価値があるか」と吟味しているうちに対策が間に合わなくなる。

筆者は各自治体の消防本部のトップである、消防長の会合に参加したことがある。その際、ある消防長が言った「ベテランが情報を仲介すると取捨選択してしまう。それで無駄な出動を防ぐことはできるが、必要な出動が遅れることもある。それが怖い。その点、新人オペレーターは、情報をそのまま上げてくるので、ありがたい」という言葉が強烈に印象に残った。「消防」という、まさにリスク管理の最前線を指揮する人の言葉であるだけに重い言葉だ。

(2) 現場の意識

ところが、残念ながら実態は全く逆のことが多い。現場では「疑わしいリスク情報はきっちりと確認してから報告すればよい」という意識でいるのが普通だ。上層部をわずらわせたくないという現場なりの「思いやり」である。その配慮が被害を拡大する。さらに、「緊急情報については、誤報は問題としない」と、明らかにしておくことが求められる。現場が吟味するのは、誤報すると後で上層部から叱責されると思っているからだ。

(3) 情報吟味の責任者

では誰が情報の吟味をするのか。それは経営幹部の仕事である。部下が上げてきたリスク情報を吟味し、意味のある情報をスクリーニングして被害最小化に向けての方針を策定するのは、あくまで経営幹部の責任である。こうした「情報吟味力」は経営幹部に必須の資質であり、取締役の善管注意義務に含まれている。仮に経営幹部が「現場でリスク情報をよく吟味せよ。無責任な情報を上げてくるのはけしからん」と言うとしたら、それこそ、善管注意義務に反する無責任な姿勢である。

3　リスク情報の伝達を感謝する姿勢

(1)　リスク情報を感謝する必要性

経営幹部は、さらに進んで、リスク管理担当部署がリスク情報を上げてくれることを本心で感謝する姿勢を日常から示しておくことが必要である。

あるメーカーでは、検査未了品を合格品のラインに乗せてしまった作業担当者が、直ちに手を挙げて班長に「私、ミスをしました」と申告したところ、班長が「ありがとう!」と応じて、直ちにラインを止めて再検査を行った。作業担当者は感激して「二度とミスをしないように頑張ります」と誓ったという。仮にこのとき班長が怒りの表情をあらわにしたら、ミスをした本人も、それを見ていた周囲の作業担当者も、その後は報告をしぶるようになる。

考えてみれば、ミスを直ちに申告してもらえれば、そのロットの廃棄だけで済むものが、報告が遅れて製品が市場に出回ってしまったとしたら、莫大な費用をかけてリコールを余儀なくされるのだ。班長の態度は正しい。

(2)　リスク情報を感謝することの難しさ

だが、リスク情報を受けて咄嗟に感謝する姿勢を示すことは、実際は容易ではない。「乳業会社食中毒事故」（平成12年発生）の原因は、事故の3カ月前に北海道の工場で起きた停電事故により保冷設備が停止したことにあった。その際、担当者は社内基準以上に雑菌が発生したことを確認していた。だが、工場長に報告できなかった。その理由について「工場長は怖い人で、すぐに大声で怒鳴るので」叱責が怖かったと述べている（朝日新聞平13・12・10朝刊）。

対策としては、第一に、リスク情報についての報告義務を課すること（本書15頁）、第二に、リスク管理担当者、部署がリスク情報が伝達されることを感謝する心構えであることを日頃から現場に伝え、かつ実践することである。

4 リスク情報は到達主義

リスク情報は担当部署に届かなければ意味がない。情報については情報を発信すれば責任を免れる「発信主義」と、受領されるまで責任を負う「到達主義」とがある。リスク管理に関する限りは、情報が到達しなければ対策が始まらないわけで、情報は絶対的に「到達主義」なのだ。

平成19年に海外から輸入されたギョーザで中毒事故が発生した（「輸入ギョーザ食中毒」）。同年12月29日に初めに苦情申立てを受けた販売店は、保健所に対して電話をかけたが応答がなく、やむなく保健所に対して「人体被害の申告があったが、電話がつながらないのでメールにて報告する」という趣旨のメールを送信している。保健所がメールを見たのは翌年1月4日のことであった（産経新聞平20・2・9朝刊）。年末年始の休暇があったためかと思われる。が、人命のかかるリスク管理については「到達主義」がより厳格に求められる。

かつてカルテルの疑いで公正取引委員会の調査を受けている複数企業の間で、外部から得られた重要情報が全関係企業に行き渡っていなかったことがある。その際、外部情報を受領した企業は情報伝達の幹事企業に「確かに情報を送りました」といい、幹事企業は「受け取っていません」と応酬がなされていた。「被害の最小化」という戦略目的からみれば、その事務的責任がいずれにあるかなどはきわめて些細な事柄である。

対応に追われていると、目の前の作業だけに気を取られ、つい大きな戦略目的を見失ってしまう。リスク管理において留意すべき点である。

5　通信手段の確保

(1)　通信手段確保の重要性

リスク情報が上がってくるためには「通信手段の確保」が不可欠である。東京電力の発表によると、東日本大震災では、福島第一原発と東京本店との連絡に使用していた社内回線を送電塔修理の際に誤って切断してしまい、平成23年3月16日の午後4時過ぎから17日午前0時40分ころまで9時間、不通になっていたという。そのため、プラントの水位や炉圧の詳細なデータを本店に送れなかった。原発の職員は放射線量の高い屋外に出て「衛星電話」で本社と連絡を取っており、必要最小限の情報伝達しかできなかった（日本経済新聞平23・3・17夕刊、毎日新聞平23・3・17夕刊）。

通信の途絶はダメージコントロールの途絶を意味する。

(2) 通信手段

通信手段として考えられるのは、電話、携帯電話、ファクシミリ、メール、業務用無線などである。東日本大震災の直後は、携帯電話と携帯メールがつながりにくくなった。代わって、ツイッターやフェイスブックなどソーシャルネットワークサービス（SNS）が情報連絡手段として活用された。また、衛星電話も使用することができた。

「バトルプルーフ」という言葉がある。「武器・兵器が実戦で使用され、その性能や信頼性などが証明されること」という意味の軍事用語である。通信手段についても同様の考え方をすべきだ。平成7年の阪神・淡路大震災や今回の東日本大震災で、実際にどの通信手段が役に立ったかを平時に分析し、通信機器整備を再検討しておくべきである。

(3) 通信の確実性を平時に点検する

通信手段については、平時から実際に確実性を確認しておかなければならない。「器材として役に立つか」という視点と、「担当者が使えるか」という視点の両方である。

「鉄道二重事故」の教訓がある。鉄道事故が発生し、救急隊員が被害者の救助作業に当たっていたところ、電車の運転の再開に当たって、司令員が無線で運転士に注意を喚起しようとしたが伝わらず、救急隊員1名が電車に轢かれて死亡した事故である（日本経済新聞平14・11・12朝刊）。

「鉄道二重事故」で情報が伝わらなかったことについてはディーゼルエンジンの騒音レベルが高く聞き取れなかったのではないかとされている。平時における通信確実性の検証は、非常時を想定した状況で行わなければ無意味である。また、このとき駅員が司令員に運転再開状況を確認しようと携帯電話をかけたが非通知で受信されなかった。携帯電話を「非通知着信拒否」に設定していることは平時ではありふれたことだ。通信の確保にはこうした細かな配慮が必要である。

(4) 確実な送信を期する

リスク情報を送る現場は、確実に情報を送る努力をする必要がある。平成19年末から発生した「輸入ギョーザ食中毒」では、「ギョーザ被害」に関する情報がファクシミリで送られた際、4枚の紙のうち最後の頁が送り忘れられた。その頁には有機リン系の中毒であると伝える最も重要な事項が記載されていたという（東京新聞平20・2・1朝刊）。ファクシミリの送り方一つが、以後のダメージコントロールの進行に大きな影響を持つ。この点を、情報を送る側も、受け取る側もしっかりと理解しておくべきである。

✔ 本節のチェックポイント

1	リスク情報伝達の重要性が認識されている	□
2	「現場は情報を吟味せず」の原則が徹底されている	□
3	情報吟味の責任者は現場ではなく、経営層であると認識されている	□
4	経営層、管理職はリスク情報伝達を感謝することを宣言している	□
5	リスク情報は「到達主義」が原則であると認識されている	□
6	通信手段の確保がダメージコントロールを制すると認識されている	□
7	通信手段の平時点検を行っている	□
8	通信手段についてバトルプルーフの考えを取り入れている	□
9	通信を行う際に、その確実性を期している	□

第2節 緊急対策本部の設置で被害を最小化する

1 緊急対策本部の役割

非常事態が発生した場合、企業は直ちに「緊急対策本部」を設置する必要がある。対策本部の役割は、①関連情報を集中して把握すること、②対策方針を決定すること、③対策方針を各部署に周知徹底すること、④外部に情報を発信することの四つである。

②の「決定」は取締役が善管注意義務に従って行う「経営判断」である。取締役は緊急事態のなかにあっても可能な限り合理的な判断を行わなければならない。監査役には、取締役のそうした判断過程を見守り、サポートすることが求められる。

①③④は、いずれも情報の収集と発信に関することであり、大きくみれば「情報管理」の業務である。緊急対策本部の任務の大半は情報マネジメントに尽きるといって過言ではない。

2 緊急対策本部を招集すべき場合

(1) 招集すべき場合をレベル分けしておく

どの程度のリスクが予想される場合に緊急対策本部を招集すべきか。一般的に言えば①全社的な業務に支障を来すおそれがある場合、②マスコミ報道の可能性がある場合、③法令違反等で刑事罰や行政処分に発展する可能性がある場合、④人の生命、健康に影響する場合などは、必ず対策本部を招集すべきである。

緊急対策本部を招集すべき場合については、平時にあらかじめ判断して定めておくべきだ。リスク管理マニュアルのなかで、緊急対策本部を必ず招集すべき場合を「レベルA」、レピュテーション問題など性質上、必要に応じて招集すべき場合を「レベルB」、対策本部のメンバーに伝達だけをしておくべき場合を「レベルC」などとして規定しておくことが望ましい。

(2) 「迷うなら招集」

ただし、経営陣としては招集すべきかどうか迷う場合は、「迷うなら招集する」をモットーとすべきだ。「大山鳴動、ネズミ1匹も出なかった」はリスク管理の理想である。筆者の経験でも、最悪を覚悟して最大の対策を講じていたところ事態が好転し、「大騒ぎしすぎましたかねえ」と、後になって事件を振り返ったケースは多い。大した事はないだろうと対策本部も設置しないでいたところ、予想外の大事件に発展して「対策が後手に回り、被害が拡大した」と後悔するよりは、はるかに幸せなことだ。

3　緊急対策本部の設置は迅速に

(1) 迅速だった企業の対応

緊急対策本部の設置は非常事態発生後直ちに行わなければならない。刻一刻と被害は拡大している。東日本大震災では企業の対応は迅速であった。地震発生が平成23年3月11日の「午後2時46分」であったのに対して、ある流通企業は5分後に対策本部を立ち上げ（日経ビジネス平成23年3月28日号12頁）、ある自動車メーカーの栃木工場は14分後には対策本部を始動させたと報じられている（日本経済新聞平23・4・21朝刊）。揺れを感じたその場で対策本部の設置を宣言した経営幹部もいるという（日経ビジネス・前掲記事）。

政府が「対策室」を設置したのは地震発生の4分後であり、東京電力が「非常時対策本部」を設置したのは20分後であった（日本経済新聞平23・4・8朝刊）。だが、本来的には、今回の震災は政府と電力会社とがきわめて密接に連携して対応しなければならない性質のものであった。にもかかわらず、政府と東京電力とが一体となった対策本部を設置したのは3月15日であり、本格始動したのは3月16日であった（朝日新聞平23・3・16朝刊、日本経済新聞平23・3・17朝刊）。東日本大震災では、原発事故への対応を政府が主導するか、電力会社に任せるかという問題は終始つきまとった。一連の対策本部設置の遅れはそのことを象徴している。

この問題を企業に置き換えてみると、強力な権限をもって統括主導する「対策本部」の設置がいかに重要であるか、改めて痛感させられる。

(2) 対策本部の名称

対策本部の「名称」も重要である。名称は簡潔、明瞭であるべきだ。「緊急対策本部」という名称は、「緊急事態」に対応する部署であり、「対策」を講じる部署であり、全社を主導する「本部」であることを明示している。

経営陣は、対策本部の名称自体が社内外に対して非常時対応に向けた経営陣のスタンスを宣言する効果を持っていることを十分に理解しておくべきである。前記の政府と東京電力とが一体となった対策本部の名称は、政府発表では「福島県原子力発電所事故対策統合本部」と名付けられていたが（朝日新聞平23・3・16朝刊）、報道では名称は「統合連絡本部」（日本経済新聞平23・3・17朝刊）、「統合対策本部」（週刊文春平成23年3月31日号26頁）とまちまちである。「連絡本部」という名称だと「情報交換だけで何事も決定しない組織」であると理解される。

4　緊急対策本部のメンバー

(1)　経営トップ

a　法的な意味

緊急対策本部の「本部長」には社長などCEO、経営トップが就任すべきである。本書6頁で述べたように「被害の最小化」は取締役の法的義務である。裁判所は、不正取引による損害が発生している状況を知り得た取締役ら3名に対して、「(不正取引）の中止などの対策を取ることにより損害の拡大を防止することが可能であった…にもかかわらず…何ら具体的な対策を取ることなく…損害を拡大させるに至った」として18億8000万円の賠償を命じて、この点を明らかにしている（「魚市場循環取引事件」福岡地判平23・1・26金融・商事判例1367号41頁）。

被害の最小化が取締役の法的義務である以上、経営トップは執行の最高責任者として「本部長」を務めるのが法の要請である。

b　経営的な意味

非常事態に立ち向かう場合に、経営トップが陣頭指揮をとるのは経営的にみても当然のことだ。「リスク管理」は経営トップの「専門担当業務」である。執行を担当する取締役は、商品の企画開発、製造、営業、管理など、それぞれ担当業務を持っている。これに対して、「全社的な業務運営全般」について責任を負っているのは経営トップである。

実際上も多くの経営トップが「覚悟」を持って非常時対応の陣頭指揮にあたってきた。筆者は多くの緊急対策本部に参加してきたが、トップの決意に満ちた対応ぶりは感動的ですらあった。昭和60年1月から発生した、石油ファンヒーターによる一連の一酸化炭素中毒事故は、空気吸入口が目詰まりしやすいという設計上の問題があった。が、そのことはトップには伝えられなかった。同年12月になって工場で燃焼テストを行う段になってトップ自ら実験室に入ろうとした。そのとき研究員が懸命に押しとどめたという。「それを見て私にはすべてのことがわかった」とはトップの述懐である（「石油ファンヒーター事故」朝日新聞昭61・1・14朝刊）。事態を把握してからのトップは、担当者の大増員、的確な社告の掲載など、迅速、的確な「リコール対応」を行っている。このような姿勢を持ったトップにリスク情報がもっと早く届いていたらと、痛切に思う。

全社的な運営状況を把握し、全社の事柄を我が身のことのようにリアルに感じ、全身全霊をもって立ち向かうリーダーシップを発揮できる役員、それは経営トップだけである。

⑵　他のメンバー

経営トップ以外には、生産、営業、総務、法務、広報の各責任者が対策本部に参加すべきである。それぞれの担当業務は次のとおりである。

・生産……災害などによる生産継続の可能性、停止の場合の再開状況の把握
・営業……取引先、販売代理店、顧客などへの応対
・総務……監督官庁、業界団体などへの応対
・法務……各種監督法令の順守状況の確認
・広報……非常事態への対応状況の、社の内外への伝達
・その他……適宜、必要な部署の責任者の参加。リスク原因に技術問題が関係する場合に、技術部門責任者の参加を求めるなど

監査役がオブザーバー的に参加することが望まれる。「リコールするか、しないか」「反社会的勢力の脅しと戦うか、妥協するか」「不祥事象を秘するか、発表するか」など、「対策方針の決定」は常に、取締役の善管注意義務、コンプライアンスの問題と密接に関連する。それらの点を監査役が見守ることが望ましい。同様の理由で顧問弁護士が参加する態勢がとれればなお理想的である。

ちなみに、鎮痛解熱剤に青酸カリを入れられた「タイレノール事件」(昭和57年)では「戦略対策委員会」が設置されているが、メンバーは、社長、製品担当役員、広報担当役員、法律顧問、経営委員であったという(日本経済新聞社『ドキュメント・危機管理』135頁(日本経済新聞社))。

5 緊急対策本部の場所、設備

(1) 場所

緊急対策本部の場所はリスク事象の性質による。一般的には、社内の目立たない部屋で、人目につかないところがよい。経営陣が血相を変えて部屋を出入りしている状況が見聞きされれば社内に、場合によっては社外にあらぬ噂が飛び交う。「製品リコールを検討しているらしい」ということにでもなれば、インサイダー取引を誘発することにもなりかねない。

災害対策であれば、緊急対策本部は災害の影響を受けにくい場所でなければならない。東日本大震災ではオフサイトセンターが東京電力の現地対策本部になる予定であったが、センター自身が被災し、通信網も切断され、「ほとんど機能しなかった」という(朝日新聞平23・6・24朝刊)。リスクの展開状況を予測した上で、万一にも耐えられる場所を選択しなければならない。

(2) 設　備

緊急対策本部の設備は、「通信・情報収集に関するもの」(各種の電話、パソコン、ファクシミリ、大型テレビ、ラジオ、メモ用紙を貼り付ける大型台帳など)、「方針決定に関するもの」(コピーが取れるホワイトボード、パソコン画面の大型モニターなど)、「居住性に関するもの」(飲み物、軽食の備え、仮眠できる椅子)などが必要である(【図表16】)。

「居住性」というのは、緊急対策本部のメンバーが頻繁に部屋から出入りしないで済むようにとの備えである。

いざというときに、直ちにこれらの設備をそろえられる態勢が求められる。

【図表16】 緊急対策本部の部屋(イメージ)

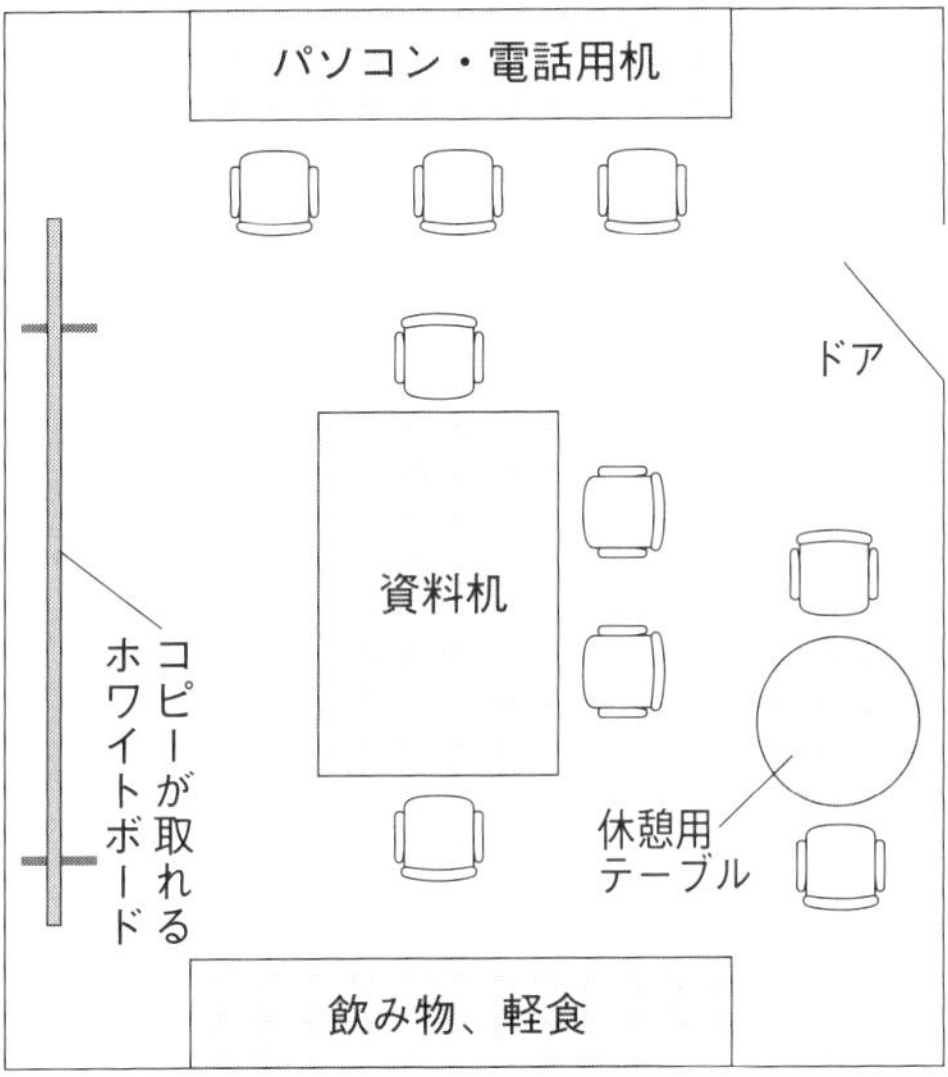

✔ 本節のチェックポイント

1	緊急対策本部の4つの役割（関連情報の集中把握、方針決定、各部署への周知徹底、外部への情報発信）が認識されている	□
2	緊急対策本部を召集すべき場合があらかじめ定められている	□
3	緊急対策本部の本部長は経営トップである	□
4	経営トップ以外の緊急対策本部のメンバーが定められている	□
5	緊急対策本部には、監査役、弁護士の参加も予定されている	□
6	緊急対策本部の場所は、平穏性、安全性などを考慮して設定されている	□
7	緊急対策本部の設備をそろえる態勢が整っている	□

第3節 警告発信で被害を最小化する

1 警告発信は企業の義務

(1) 法的義務を認識する

企業は、非常事態が発生したときおよび発生が予測されるときは、影響を被る可能性のある、消費者、従業員、地域社会の人々など、関係者に対していち早く「警告」を発して被害を最小化すべき社会的な責任を負っている。とくに、リスク事象が自社の事業に関連して発生したときは、警告の発信は企業の法的な義務であり、具体的には取締役がその履行義務を負っている。

a 民事責任

(a) 製品不具合の場合

警告発信が企業、取締役の法的責任であることを明らかにしたのは「無認可添加物事件」(大阪高判平19・1・18判例時報1973号135頁、本書58頁)である。食品に無認可の添加物が混入していた事案であるが、裁判所は「(食品事業の責任者である取締役としては、事態を認識したら)

速やかに…緊急対策本部の設置を提言…し、（対象商品の）販売中止回収、関係当局への通報、事実の公表、購入者に対する注意喚起、情報提供等の措置をとるなど…すべき善管注意義務があった」と述べ、混入を知りながらこれらの対処をしなかった取締役2名に対して会社に53億円を超える賠償を支払うように命じている。

(b)　顧客情報流出の場合

顧客情報の流出が判明した場合も理屈は全く同じだ。企業は直ちに流出対象となった顧客に対して、「振り込め詐欺などの悪質行為が予測されるので被害にあわないように」と呼びかける義務がある。仮に警告発信が遅れて顧客が悪質商法の被害者となったら、企業はその損害を賠償する法的義務を負うことになる。

b　刑事責任

リスク事象が顧客や従業員などの健康、生命に関わる場合は、さらに企業責任者の刑事責任が問われる可能性がある。

平成12年に発生した「乳業会社食中毒事故」のケースでは、警告発信の遅れについて「Y乳業の社長が刑事責任を負うのではないか」が問題となった。社長が食中毒発生の情報を聞いたのが平成12年6月29日の「午前10時半」であった。だが、記者会見で事実を公表し、テレビを通じて警告を発信したのが「午後9時45分」であった（日本経済新聞平13・3・17朝刊）。警察は診断書などをもとに、情報を聞いてから発表までの約10時間の間に問題の低脂肪乳を飲んだ人を「58人」と絞り込み、もっと早く事実が発表されていれば、その人々は被害にあわずにすんだはずとして、平成13年3月16日、社長を業務上過失致傷で書類送検したのである（同紙）。社長はその後、検察官の判断により不起訴となった。だが、1万4000人を超える被害者を出した事件で、警察が8カ月余りの時間をかけて企業トップの刑事責任を追及しようとした事実は記憶されるべきだ。健康、生命に関わるリスク事象が発生した場合、現に実害が発生しているとしたら、警告を発信するまでの間、刻一刻、企業責任者の刑事責任が発生し、進行している。その点は心にとどめておくべきである。

(2) 被害を発生させない、拡大させない「熱意」

「警告発信」の実務を支えるのは、企業関係者の「被害を発生させない、拡大させない」という「熱意」である。リスク管理の仕事をしていると、このことをつくづくと感じる。経営者を始めとする企業関係者自身が、消費者、従業員、地域社会の人々を「守る」ことに向けて、情熱的なまでの決意を持つこと。そのことが何よりも大切なのだ。警告発信の具体的なノウハウについては3以下で検討するが、その根底には、常に「どうしたら被害者を出さないですむか」に向けて突き詰めていく、経営陣のひたむきな姿勢が必要である。熱意なくしてノウハウは意味を持たない。

平成23年3月24日、福島第一原発の3号機タービン建屋内の地下1階で作業していた3名の作業員が被曝する事故が起きた。地下1階に深さ15センチの水がたまっていたが、「タービン建屋は通常、(放射)線量が高い場所でないと思っていた」という(朝日新聞平23・3・26夕刊)。その結果、作業員の2名は長靴を履いていなかった。ところが事故の6日前である3月18日、1号機のタービン建屋地下1階で作業を行った際には、作業許容の上限である毎時250ミリシーベルトに迫る、「毎時200ミリシーベルト」という高い放射線量が測定されていたのである(同紙)。本来なら、すべての作業員に警告を発信することが望まれた事案である。作業員に被害者を出さないことに向けた「熱意」が問われている。

2　警告発信担当者の一本化

警告発信の実務担当者は一本化しておくべきである。緊急対策本部のメンバーでいえば「広報担当者」が担当することになる。発信担当者を一本化することにより、発信のタイミング、表現、公表するデータの選定などを統一管理することができる。さもないと、微妙な表現の違いやデータの違いから警告情報が混乱し、消費者、従業員などに混乱が生じる。

平成24年4月13日、午前7時38分55秒に北朝鮮がミサイル様の飛行体を発射したが、その情報は同日午前8時23分に防衛相から記者団に伝えられた。だが、同日午前8時36分に別途、官房長官からも発表されている（「北朝鮮ミサイル発射問題」朝日新聞平24・4・13夕刊）。「情報発信は一元化する取決め」であった（日本経済新聞平24・4・14朝刊）というが、実際上は情報発信の一本化が徹底されていなかったことになる。

なお、実務担当者が一本化されようとも、警告発信についての責任を負っているのは「緊急対策本部長」である経営トップである。「情報発信は広報担当者に任せていた」などという弁解は法的にも社会的にも通らない。

3　対象品、対象者の特定

(1)　対象品の特定

リスクを伝達する際に最初に留意すべきは、リスクの対象となる製品や、顧客の対象者を特定することである。消費者など受け手の側からすれば、「自分が使っている製品は大丈夫なのか」「自分は安全なのか」を、まずは知りたい。警告発信はこの要求に端的に答えるものでなければならない。

したがって「製品不具合」であれば、対象となる製品について、製造、販売された時期、その型式、ロット番号、形態、色彩などについて、可能な限り受け手がわかりやすいように工夫して発信する必要がある。製品について「写真」を使用する例があるが、モノクロ写真だと新聞に掲載されたときわかりにくくなることが多い。識別されやすい「イラスト」を使うべきだ。

(2) 対象者の特定

「顧客情報流出」の場合、顧客が最も知りたいのは「自分は流出対象なのか?」という点である。したがって警告発信も、「○年○月○日から○年○月○日までの間に、○○の取引をされたお客様」というように、流出対象顧客の範囲を可能な限り特定する必要がある。

記録の精査が必要で、対象者の特定に時間がかかる場合は検討が必要だ。被害者を拡大させないための「迅速な開示」の要請と、本来関係のない人々に余分な心配をさせない「正確な開示」の要請との兼ね合いで考えなければならない。ギリギリの範囲で概括的な特定にとどめ、記録の精査が進み次第、続報を出して対象者を絞り込んでいく方法を採るのが実際的だ。

4 「客観的事実」に基づきリスクを伝える

(1) リスクの告知

対象品や対象者に、どのようなリスクが生じる可能性があるか、その点を客観的な事実に基づいて具体的に伝える必要がある。

例えば、製品不具合であれば「まれにバッテリーが発熱することがあります」だけでは足りない。この表現だと、熱くなるだけなのか、製品が変形する可能性があるのか、発煙発火で火災になる可能性があるのか、不明である。そこで、「発熱の結果、発煙、発火に至る可能性があります」という表現で初めてリスクを伝えることができる。

顧客情報の流出であれば、流出した情報が反社会的勢力の手にわたることで、振り込め詐欺、原野商法、架空上場話などの悪質な商行為や犯罪の被害者になる可能性があることを伝える必要がある。一般消費者は自分の情報が流出したとしても、漠然とした不安は感じるものの、具体的にどのようなリスクがあるかは、想像がつかないことが多い。

(2) 「安全」と「安心」の峻別

警告発信においては、「安全」と「安心」とを峻別することが必要だ。「安全」と「安心」との違いについては41頁に述べたとおりである。

リスク事象発生の際に企業に課せられている任務は、安全性に関する客観的、科学的な情報を消費者、従業員、地域社会に提供することである。その結果、「安心」するかどうかは消費者など受け手側の事柄だ。安全性に関する客観的な情報も提供せずにいて、「とにかく安心してほしい」というのは筋が通らない。消費者などの反感を招きかねない。

平成24年4月13日の「北朝鮮ミサイル発射問題」で政府は「落下物などによる日本への影響は一切ない」ので冷静に対応するように国民に呼びかけたと報じられている（日本経済新聞平24・4・13夕刊）。だが、発射に関する情報自体は「ミサイルを発射したとの一部報道があるが、我が国としては発射を確認していない」という情報発信が同日の午前8時3分、9分と繰り返されるのみで（日本経済新聞平24・4・13夕刊、朝日新聞平24・4・13夕刊）、具体的な内容には乏しかった。国民の側からすれば、どのような物体が、いつ発射され、どこに落下すると予測されるか、落下による危険性はどの程度あるかが知りたかった情報である。そうした情報を的確に提供することなくして、「冷静に対応せよ」と言われても無理な話である。国民を守る「熱意」の問題だ。

5 警告発信は「迅速」に

(1) 迅速性を意識すべき理由

警告は迅速に発信しなければならない。被害が発生、拡大している状況では一刻を争う。わかりきったことではあるが、被害最小化にあたっては常に意識しておくべきだ。リスク管理担当者はともすると警告情報の「正確性」が気になり、「慎重に確認してから警告発信」という姿勢になってしまいがちだ。その結果、発信が遅れることになる。

被害の拡大防止という目的のためには、その時その時で「確認されている情報」を直ちに伝えることが必要である。ある食品会社で製品パッケージに空気漏れが生じるという不具合が複数発生したとき、技術担当者は「リコールは空気漏れの原因が確認されてからにしてほしい」と強く要望した。担当者として技術的な問題を解明したいのは当然の願いだ。だが解明には1カ月を要するという。その間、空気とともに製品に雑菌が入り込み食中毒が発生するおそれがある。企業にとって「被害発生防止」は待ったなしの社会的責任である。結局、直ちに警告を発信し、リコールを行うことになった(「パッケージ不具合事故」)。

⑵　求められるのは「誤報」をおそれない姿勢

平成24年４月の「北朝鮮ミサイル発射問題」では、ミサイルが発射されたのは同年４月13日午前７時38分55秒であったのに対して、その事実が政府閣僚から発表されたのは同日午前８時36分である（本書２１９頁、２２２頁参照）。実に発射の「約１時間後」であった。他方、テレビは午前８時すぎには発射の情報を伝えている。「ミサイルが発射されて沖縄上空を通過するまでの時間は10分前後」（日本経済新聞平24・4・11朝刊）と予測されていたのだから、遅すぎる発表であった。那覇市役所の市民防災室の職員は「テレビのとおりだったら、もう終わっているじゃないか」といらだったという（朝日新聞平24・4・13夕刊）。

このように警告発信が遅れたのは「誤報を避けたい」という気持ちが強く働いたからではないかと推測される。実際、政府はミサイル発射の発表が遅れた理由について、「ＳＥＷ（米国の早期警戒衛星）情報は誤情報もあり得る。ダブルチェックとして日本としての確認も必要だった」と説明している（朝日新聞平24・4・13夕刊）。だが、リスク事象の警告発信については「誤報」をおそれない姿勢が必要だ。警告発信が遅れて尊い犠牲を出してしまう損失と、情報発信が先走って後に「軽率な誤報」としてそしりを受けるときのダメージとを比較すれば、後者のほうが圧倒的に軽い。その割切りと、人の生命・健康を守るためには「誤報じゃないか」のそしりを甘受するだけの覚悟が必要だ。その覚悟があれば「日本政府はまだ確認できていないが、SEWからミサイルが発射されたとの情報が寄せられている」と発表することができたはずである。

6　リスク内容を「明確な表現」で伝える

(1)「明確な表現」を工夫する必要性

警告発信に際してはリスクの内容を「明確な表現」で伝えることが必要だ。例えば食品不具合であれば「生命の危険が生じるおそれがあります」、日常用具の不具合であれば「指を切断する危険があります」、個人情報流出であれば「悪質商法に狙われる危険があります」というようにである。ところが、日本の文化は中庸を尊ぶ。したがって、日本語では物事をあからさまに表現せず、婉曲な表現が好まれる。警告発信ではこの点が仇になる。

震度6強を記録した平成20年6月14日の「岩手・宮城内陸地震」では「緊急地震速報」が発信されたが、アンケート調査によると、この情報を聞いた人のなかで「大きな地震がくると思った」人はわずかに3割であったという（盛岡、仙台、福島3市の成人計683人対象、サーベイリサーチセンターまとめ。日本経済新聞平20・7・9夕刊）。他方、平成25年4月13日に淡路島で震度6弱の地震が発生した際の緊急地震速報では、「何のことかわからなかった」という人が3割いたという（日本経済新聞平25・4・27朝刊）。「緊急地震速報」という表現だけではリスク内容が伝わらないのである。

気象庁は「気象情報」を、従来のA4判で数十行にわたっていた長文形式から「これまでに経験したことのない大雨。明るいうちに避難、身の安全を確保してください」などの短文で伝える方針を固めた（日本経済新聞平24・5・19夕刊）。平成23年の紀伊半島豪雨を経験した地元防災関係者から出た「総雨量が何ミリと言われてもよくわからない」といった声に応えたのである。警告発信にあたっては、リスク内容を明確に、わかりやすく表現する工夫を忘れてはならない。

(2)「含みを持たせた表現」は避ける

警告発信側としては明解な表現を心掛けたつもりであっても、受け手にはなかなか伝わらない。まして「含みを持たせた表現」など、あいまいな表現は用いるべきではない。

東日本大震災では放射性物質の拡散について、「健康には直ちに影響はない」という表現が多用された。いま、この言葉を冷静に振り返ると、「直ちに影響はないが、いずれ影響が出てくる」という意味を含んでいたことがわかる。しかし、そうだとすれば、どの程度の拡散量で、いつごろから影響が出てくるかが重要だが、このメッセージはその点を何も伝えていない。これでは、国民の間に漠然とした不安感が広まるのは当然だ。

企業としては、リスクを伝えるときは可能な限り明確な表現を工夫すべきである。明確な表現が事態を解決に導く。筆者は複数の「土壌汚染問題」を担当してきた。その際には、例えばWHO（世界保健機関）が公表している資料に基づいて「この値の水2リットルを、70kgの体重の人が70年間飲み続けた場合、10万人に1人、ガンが発症する可能性があります」というように、具体的な数値データを住民に提供した。その結果、住民の理解を得られ、反対運動などに発展することは回避できた。

明解な情報提供は不安を解消する。

7 「どうすればよいか」を具体的に伝える

(1) 具体的に伝える

警告発信にあたっては、リスクを「客観的に」「迅速に」「明確に」伝えた上で、「では、リスクを避けるためには、どうすればよいか」を具体的に伝えることが必要である。食品に有害物質が含まれていれば「決してお召し上がりにならないよう」、機器の不具合であれば「直ちに使用を中止してください」「点検、修理をさせていただきたく」「ネジのゆるみをご点検いただきますよう」というように、なすべきことを具体的に表現することが求められる。これらの文例はいずれも実際の社告例であるが、企業が消費者・受け手に「どうすればよいか」を具体的に伝えようと努力している姿が浮かび上がる。

⑵「念のため」「万全を期するため」などの修飾語

「どうすればよいか」を伝えるときに、「念のため」「万全を期するため」などの修飾語をつけるときは慎重であるべきだ。漫然とこうした修飾語を使ってはならない。

a「念のため」

「念のため」は「間違いないと思うが、なお確かめるため」(『新明解国語辞典〔第4版〕』(三省堂))という意味である。リスク管理に関して言えば、「まちがいなく安全だと思うが、なお確かめるため」ということになり、その根底には「安全だ」という判断がある。

東日本大震災で政府は平成23年3月11日の夜、福島第一原発2号機3km以内の一部地域の住民に対して避難指示を出したが、午後10時の記者会見では「念のための避難指示」であると説明した(日本経済新聞平23・3・12朝刊)。厳密な言葉の定義からすれば「安全であることは確かだが、なお確かめるために避難してください」という意味になる。だとすれば「避難しなくてもよいのだ」と理解する人々が出てきても不思議ではない。

企業としては「念のため製品の使用を中止してください」といった表現は避けるべきだ。受け手の消費者が、使用を継続してもよいと理解するおそれがあるからだ。

b 「万全を期するため」

これに対して「万全を期するため」という言葉は「少しの手落ちもないようにするため」（金田一ほか・前掲書）という意味である。リスク管理について言えば、その根底には「多少のリスクはある」という判断がある。したがって、「万全を期するため回収」と表現すれば、わずかではあるがリスクが考えられるので回収するという意味になる。

以上のような検討は決して「言葉遊び」ではない。リスクが発生した場合、消費者など受け手は「情報」にきわめてナーバスになっている。自分や家族の生命、健康を守るため、言葉のわずかなニュアンスから必死にリスクを読み取ろうとしているのだ。日常感覚で漫然と修飾語を使うと_とんでもない結果を招くことになる。

(3) 切実に伝える

「どうすればよいか」を伝える文章のニュアンス、放送などで伝える場合の口調なども工夫する必要がある。東日本大震災を契機に放送局や自治体は、大津波情報が出た際に使う呼びかけ表現を見直し、落ち着いた口調はやめて、大震災の生々しい記憶を呼び起こす表現を取り入れ、断定調、命令調のフレーズも採用することにしたという（朝日新聞平24・4・10朝刊）。確かに、日常的なのんびりした口調で「できれば、なるべく高い建物に避難してください…」と呼びかけられたのでは、受け手は「まだ余裕がある」と思ってしまう。東日本大震災の際、宮城県女川町役場では水没直前の無線室から職員が「逃げろ」と叫んだため、切迫感を感じて避難した住民がいると報じられている（朝日新聞平24・4・10朝刊）。

昭和60年1月に中毒事故が起きた「石油ファンヒーター事故」では、当初の社告は「点検・補修のお願い」という見出しのもとに「燃焼不調となるおそれのあることがわかりました」と緊迫感のない表現が使われていた（日本経済新聞昭60・7・1朝刊）。だが人命にかかわる事故が続いて起きて以後は「急告!!」と大きく目立つように掲げた上で「交換のお願い」という見出しを入れ、文章も「人命に及ぶ、重大事故を引き起こす恐れがあります」と、深刻な表現に変わっている（日本経済新聞昭61・2・6朝刊）。

見出し、用語、文章のニュアンスのすべてにわたって、切実にリスクを伝える努力が必要だ。

✔ 本節のチェックポイント

1	消費者などに警告を発信することが企業の法的義務だと理解されている	□
2	経営陣は、消費者、従業員、地域社会を守る「熱意」を持っている	□
3	警告発信の担当者は一本化されている	□
4	リスク対象品、対象者の特定に注力されている	□
5	客観的、科学的な情報をもとにリスクを告知する姿勢を持っている	□
6	「安全」と「安心」とを峻別している	□
7	消費者などに対する警告発信は「迅速性」が重要であると理解されている	□
8	「誤報」もおそれず警告を発信する覚悟がある	□
9	リスク内容を「明確に」「わかりやすく」伝える工夫の必要性が理解されている	□
10	リスク内容を伝える際に「含みのある表現」は避けるべきだと理解されている	□
11	リスク回避のために「どうすればよいか」を具体的に伝えることの重要性が理解されている	□
12	リスク回避の伝達の際に「念のため」「万全を期して」などの修飾語は避けるべきと理解されている	□
13	用語、表現など、リスクを切実に伝える工夫を行っている	□

第4節　「コンプライアンス対応」で被害を最小化する

1　リスク事象対応の「羅針盤」はコンプライアンス

非常事態への対応は「コンプライアンス」に合致したものでなければならない。コンプライアンスから逸脱した「非コンプライアンス対応」は、被害を最小化するどころか、逆にダメージを拡大させるばかりだ。

このことは誰もがうなずけることであろう。不祥事が起きたなら開示して謝罪する。欠陥品が発生したならすぐに警告して迅速な回収を行う。違法行為が発見されたなら直ちに行為を停止して事態を開示する。不当要求があれば拒絶する。こうした「コンプライアンス対応」が被害を最小化する。

したがって経営幹部・リスク対応責任者は、リスク事象に対応する際は、常にコンプライアンスを判断基準とすべきだ。「コンプライアンスこそが、リスク事象対応の最高、最強の羅針盤」なのである。

だが、そう単純明解に言い切れるのは「平時」での話だ。実際に目前で非常事態が勃発し、すさまじい勢いで広がり始めると、人はパニック状態に陥って、思わずコンプライアンスを放り出して、本能に任せて舵を取ってしまう。その「非コンプライアンス対応」が企業のダメージを拡大し、ときには企業を致命的な状況にまで追い込む。

非常時のコンプライアンス対応は、平時に頭で考えているほど容易に実践できるものではない。その困難さについてすべての役職員が心に刻んでおくことが必要だ。コンプライアンス対応がいかに難しいか、知れば知るほど、前もってリスクを「知り」「避ける」ことの大切さが身に沁みてわかってくる。

以下では、コンプライアンス対応を取れなかった実例を詳細に紹介する。これら深刻な実例から、「コンプライアンス対応」は容易ではないが、それが企業を救う唯一の道であることを改めて感じ取っていただけると思う。

2 スキャンダル不正融資事件

(1) 事案

平成5年、ある銀行のトップは、自身のスキャンダルをもとに自分や銀行に対する誹謗中傷が始まったとき、警察に届け出ることはせず、人を介して暴力団組長に事態の収拾を依頼した（東京地判平13・2・7（公刊物未登載）の事実認定による）。スキャンダルを明るみに出したくないという本能的、反射的な対応であったといえよう。

だが、依頼を受けて事態を「収拾」した暴力団組長らは、当然、その見返りを求めた。不正融資である。トップは融資を求められると、回収が不能であることは明らかであるのに、行内の審議会メンバーに働きかけたり、また融資先に「担保の形式を整えてくれればよい」と述べたりするなどして、不正な融資を次々と実行していった。同行では数億円以上の融資の場合、「審議会」で審査を行うことにしている。審議会のあるメンバーは、最終段階ではトップ自ら審議会に顔を見せて融資を了承するように求めたため、「もう反対意見は言えなくなった」という（朝日新聞平10・5・31朝刊）。

この不正融資が「特別背任罪」に該当するとしてトップは後に刑事訴追されて有罪となっている。前記判決の事実認定によれば、平成5年7月から平成7年3月にかけて行われた不正融資の金額は65億円にのぼるという（「スキャンダル不正融資事件」）。

(2) 対　応

どこで舵取りを間違えたのか。銀行トップは、スキャンダルに対する誹謗中傷が始まったときは、事実が明るみに出ることを覚悟した上で、相手の行為が「脅迫罪」「恐喝罪」「威力業務妨害罪」などに該当する可能性があると指摘して、警察、弁護士に相談すべきであった。それが「コンプライアンス対応」である。

ところが、実際は警察、弁護士に相談することなく、暴力団に依頼して事件のもみ消し工作に走ってしまった。結果的にその「非コンプライアンス対応」が、トップ個人については特別背任罪での刑事立件、損害賠償の民事訴訟提起、銀行については巨額不正融資という事態を招いた。判決も「そもそも本件の発端は、被告人（銀行トップ）が暴力団組長にスキャンダルの収拾を依頼したことにある」として、この点を厳しく指摘している。

3 ミサイル部品不正輸出事件

(1) 事　案

航空電子機器メーカーが、昭和61年1月から平成元年4月にかけて、最終仕向地がイランであることを知りながら、ミサイル部品を「粉体流量計部品」だと偽って輸出し、関税法・外為法（外国為替及び外国貿易管理法。現在の外国為替及び外国貿易法）違反で摘発された事件がある（「ミサイル部品不正輸出事件」）。

同社の常務取締役は、昭和61年11月、製造委託先を探すために、あるメーカーを訪問した際、偶然、その訪問先メーカーが自社の委託を受けてミサイル部品を修理している現場を見てしまう。常務は早速担当者を呼び出して事情を聴取し、ミサイル部品を受注して不正輸出していることを確認した。

だが、すぐに取引を中止すると相手方との間にトラブルが生じかねないことと、事態が露見すると会社経営への影響がきわめて大きいことを懸念して、「既に契約した分は処理し、新規の契約はしないように」と指示するだけにとどめ、副社長らに報告することはしなかった。

その後昭和62年5月に総合家電メーカーの「ココム違反事件」が勃発し、当時の通商産業省から「輸出関連法規の順守」に関する通達が出された。しかし、常務から報告を受けた社長はミサイル部品について「トラブルを起こさず、友好的に、しかしできるだけ早急に処理するように」と指示するにとどまった。

この不正輸出、さらに同時に行われていたジャイロスコープなどの不正輸出が平成3年になって発覚し、航空電子機器メーカーは関税法、外為法違反で刑事立件され、罰金５００万円を科せられ、行政庁から行政処分を受け、米国でも武器輸出禁止法違反などで刑事立件され、24億円を超える罰金の支払を命じられる事態となった。事件は当時の役員らに対する代表訴訟にまで発展し、役員らは損害賠償を命じられている（東京地判平8・6・20判例時報1572号27頁。前記事実関係は同判決の事実認定による）。

(2) 対　応

どこで舵取りを間違えたのか。本来は、常務が委託先で違法製品が修理されているのを見つけたときに、直ちに社長らに報告し、修理委託を取り消し、発注者に対しても取引契約の解約を申し出るべきであった。判決はこの点について「違法行為の露顕を防ぐために違法行為を続けることが正当化されるはずもない」と端的に述べている。

裁判所の判断のとおりである。だが、理由もなくいきなり部品の受注契約を解約すれば、確実に部品発注の相手方から「債務不履行に対する賠償請求」を起こされるのは火を見るより明らかだ。とすれば事は公になり大事になる。だから直ちに事態を開示して違法契約を解約するという決心がつかなかったのであろう。その点の苦悩を理解することができないわけではない。

しかし、その穏便策、段階的解消策という「非コンプライアンス対応」が、刑事制裁、行政処分、米国での刑事制裁などの多大なダメージを発生させたことも事実である。役員らは、事態の公表や相手方への損害賠償、それに伴う相応のレピュテーショナルリスクという重荷を背負ってでも「コンプライアンス対応」をしなければならなかったのだ。

こうした場合に、直ちに事態を公表して種々の制裁を受けるダメージと、段階的解消を図って露見して糾弾される場合のダメージとを比較考量して判断するだけの冷静さ、その判断を実行に移す覚悟、それが役員らには求められている。

4 銀行海外支店事件（乙事件）

(1) 事　案

「銀行海外支店事件」は、銀行ニューヨーク支店の行員が、昭和59年から平成7年にかけて無断で米国財務省証券の取引を行い、合計11億ドルの損害を銀行に与えたというものであった。同事件は「リスクの回避義務」に関して役員の責任が株主代表訴訟で追及され、大阪地裁で判決が下されている（大阪地判平12・9・20判例時報1721号3頁。本書3頁）。

同事件ではリスク回避と並んで、損失発覚後の「被害最小化義務」（ダメージコントロール）についても役員の責任が追及されている。判決のなかでは「乙事件」と呼ばれている。11億ドルという巨額損失発生の情報は、平成7年7月24日、行為者本人の「告白手紙」の形で銀行トップに伝えられた。緊急調査の報告を受けて銀行は、同年8月8日には非公式ではあるが、トップ自ら大蔵省の銀行局長に対して事態を報告している。

ところが、問題が起きたのはニューヨークであったにもかかわらず、銀行は同年9月18日まで、現地の監督庁に当たるニューヨーク州銀行局（FED）には報告しなかった。このことが「従業員が罪を犯したと疑われる状況があるときは至急電話で報告し、30日以内に報告書を提出すること」と義務付けている米国連邦規則法典に違反するとして、銀行は刑事訴追を受け、罰金3億4000万ドルを科せられる結果となった。この点が被害最小化義務に反するとして役員の責任が追及された。それが「乙事件」である。同判決で、役員は1億5000万ドル、2億4500万ドルの賠償を命じられている。

(2) 対応

どこで舵取りを間違えたのか。米国当局への報告が遅れたことが発端であることは明らかであるが、問題はなぜ報告が遅れたかである。この点について銀行役員は、大蔵省の銀行局長に非公式報告をした際に、「大蔵省の要望、示唆に反して、（11億ドルの損失発生の原因となった）無断取引、無断売却の事実を米国当局に報告する期待可能性がなかった」と弁明した。非公式報告を受けた銀行局長が日本の金融情勢を勘案すると事件を公表する時期として9月は最悪であると述べたことから「発表は10月初旬とする」との示唆を受けたというのである。

この弁明に対して裁判所は、「米国で銀行業を営む以上、米国の銀行に対する法規制に従う義務を負う」と述べ、大蔵省銀行局長の示唆のみを頼りとして銀行の危機を克服しようとして米国当局の厳しい処分を受ける事態を招いた点に善管注意義務違反、被害最小化義務違反があると結論付けている。

この「米国で事業を営む以上、米国の法規制に従うべきである」という裁判所の指摘は、グローバル展開を目指す多くの企業にとって大きな教訓となる。日本の監督庁の指導に従ってさえいれば、あらゆる局面でエクスキューズになるという思込みが、少なくともこれまでの日本企業にはあったのではないか。その「思込み」のリスクが国際展開の場面で露呈したのが銀行海外支店乙事件であった。

5　家庭用機械メーカー脅迫事件

(1)　事　案

家庭用機械メーカーが買い占められた自社株をもとに恐喝された事件がある。「仕手グループ総帥」として知られた人物がメーカーの株を買い集め、自分が代表を務める法人として筆頭株主、代表者個人として13位の大株主となった。メーカーは大株主対応をどうすべきかを悩んでいたところ、同人物から「自分は株を売ることにした。売却先は怖くて言えない」と揺さぶりをかけられた。売却先については暴力団関係会社として知られた社名を告げられた。これに対して、メーカーが株の売買を元に戻してほしいと懇願すると同人物は「断るということになるとやはり金がいる。３００億円は必要だな」とさらにメーカーに脅しをかけ、メーカー側は会社に暴力団関係者が入ってくると会社は崩壊してしまうと考えて、取締役会決議を経て３００億円を融資したのである。

この対応が取締役の善管注意義務に反するとして株主から責任追及訴訟を提起されることになった。

⑵ 対　応

どこで舵取りを間違えたのか。答えは明快だ。「株が暴力団の手に渡るおそれがある」として３００億円の融資を強要されたときに、弁護士に相談し、警察に「恐喝未遂の可能性あり」として届け出て、法的対応をとるべきであったのだ。裁判所も「株式を取得した暴力団関係者などから不当な要求がなされたときは、法令に従った適切な対処をなすべきであった。本件では要求した人物の言動について、警察に届け出るなど適切な対応をなすべきであった。それを行わなかったのは過失である」として冷徹にこの点を指摘している（最二小判平18・4・10金融法務事情１８０８号48頁）。

だが、それができなかった。要求を受けたメーカー役員らは「一睡もできなかった」といい、不測の事態をおそれホテルに寝泊りしている。健康を害した者もいる（東京地判平13・3・29判例時報1750号40頁の事実認定による）。コンプライアンス対応はこうした苦悩、苦痛を乗り越えなければ実践できない。それが平時に頭で考えることとの違いである。

6 コンプライアンス対応実践への工夫

以上見てきたように、非常事態が勃発した場合に、平時に考えているような「コンプライアンス対応」を取ることはきわめて難しい。非常事態において現実に「コンプライアンス対応」を実行していくためには、それ相応の心構えと工夫が必要なのである。

では、どのような心構えと工夫をすればリスク事象発生時に「コンプライアンス対応」が実践できるか、次項以下で述べる。

7 対策①――真の「コンプライアンス文化」を根付かせる

(1) 真の「コンプライアンス」

前項で見た四つの事例で、企業はなぜ「コンプライアンス対応」に向かって舵をとれなかったのか。第一の理由は、社内に「真のコンプライアンス文化」が根付いていなかった点にある。既に述べたように、コンプライアンスとは単なる「法令順守」を超えて「相手の期待に応えること」である。企業の立場から見れば「社会の期待に応えること」である（本書55頁）。そうした理解が本当の意味で社内に定着したとき、初めて非常時の「コンプライアンス対応」が可能となる。

先に掲げた「スキャンダル不正融資事件」で銀行トップはスキャンダルのもみ消しを暴力団に依頼している。暴力団排除条例などが制定されていない平成5年の段階では、その行為は明白な「法令違反」とは言い難い。

だが「真のコンプライアンス」に反することは明らかだ。スキャンダルをもみ消すために反社会的勢力の力を借りることは、銀行に対する「社会の期待」に反する。そのことに異を唱える人はいないだろう。だが、銀行トップの「非コンプライアンス」行為を支えた少数の幹部がいたことを考えると、行内に真の「コンプライアンス文化」は根付いていなかったと言わざるを得ない。

⑵ 「コンプライアンス対応」は全社的問題

「真のコンプライアンス」は法令順守を超えて「社会の期待に応えること」である。この理解を社内に定着させておくことは、きわめて実践的な意味を持つ。コンプライアンスを単に「法令順守」とだけ訳していると「法令を調べて、守っていればそれでよい」という考え方になる。その姿勢を突き進めると「コンプライアンス業務は法務部の専門担当業務だ」ということになりかねない。それではコンプライアンスを非常時における全社的対応の羅針盤とすることはできない。コンプライアンスは全社的な問題なのである。

コンプライアンスを「社会の期待に応えること」と理解すると、「企業として社会の動向にアンテナを張り、常にその期待に応える方向で努力すべきだ」ということになる。このように理解したとき、コンプライアンスは全社的に取り組むべき事柄であることが明確となる。それは、当然、経営トップ自らが指揮監督すべき事柄である。

(3) 法令とコンプライアンスに関する事例

法令とコンプライアンスとの関係が議論となった事例がある。自社の経営するホテルの耐震力不足が明らかとなり休業、建物解体を余儀なくされたホテル会社が平成18年、経営コンサルタントとともに建築確認を与えた県を提訴した事案である。

争点の一つに、ホテルに「ピロティ型式の設計」(耐震壁がなく、柱と梁だけで重力を支える構造)が採用されていたことについて県が問題としなかったことが「過失」といえるかという論点があった。当時ピロティ型式について法規制はなかったが、裁判所はピロティ型式の設計は「実際に起きた大災害（平成7年の阪神・淡路大震災）の貴重な教訓として設計上の重要な注意事項」になっていたと指摘した上で、県の建築主事はピロティ型式としていることについて「設計者に対して、設計の真意、安全性確保のための設計上の留意の有無及びその内容を問い質すなどの調査をなすべき具体的注意義務を負っていた」と判断して県に損害賠償を命じた（「ピロティ耐震力事件」名古屋地判平21・2・24判例時報2042号33頁）。

県の賠償責任それ自体は、控訴審では否定されている。しかし、高裁でも一般論として「規定が直接定めていない事項については、…それらに関連して…重大な影響がもたらされることが明らかな場合…、建築主事がこれを故意又は重過失によって看過したときには注意義務違反となる」としている。法令にない事項でも注意義務の対象になるという考え方自体は変わっていない（名古屋高判平22・10・29判例時報2102号24頁）。

この裁判例は自治体の過失に関する認定ではあるが、企業にもそのまま当てはまる。企業はたとえ関係法令に具体的な定めがなくても、大震災などがあった場合、その教訓を受け止めて業務に反映させなければならない。「大震災の教訓を受け止める」ことは社会が企業に対して期待することだ。ここに真のコンプライアンスに関する裁判所の考え方が示されている。

8　対策②――「非コンプライアンス対応」のダメージを想像する

(1)　「非コンプライアンス対応」のダメージ

「コンプライアンス対応」を可能とするためには、「非コンプライアンス対応」を取った場合のダメージを、現実感を持って知っておくことが役立つ。

「スキャンダル不正融資事件」では、トップが非コンプライアンス対応を取ったことから銀行は事件後5年で350億円の特別損失を計上する事態となった。不正融資の焦付き分である。頭取個人も44億円を上回る損害賠償を命じられ（長崎地裁佐世保支判平15・1・27公刊物未登載）、特別背任罪で懲役3年6月の実刑判決を受けている（東京高判平13・11・29公刊物未登載）。

「ミサイル部品不正輸出事件」では、航空電子機器メーカーは、日本国内では関税法、外為法違反で罰金500万円を科せられ、さらに行政処分を受け、米国では武器輸出禁止法違反により24億円を超える罰金の支払を命じられている。役員個人も株主代表訴訟を提起され、人によって、12億円、4000万円という金額の損害賠償を命じられている（東京地判平8・6・20判例時報1572号27頁、控訴審で和解）。

「銀行海外支店事件」は、「乙事件」そのものが、不祥事を早期に米国監督官庁に報告しなかったことによる株主代表訴訟である。コンプライアンス対応を取っていれば、この乙事件自体が生じなかったのである。

(2) 想像力の必要性

ほとんどの企業人は「非コンプライアンス対応」がダメージを拡大することをよく理解している。むしろ、不祥事を隠蔽しようとしてキズを広げてしまった他社事例が報道されると、「非コンプライアンス対応を取ればさらに悲惨な結果になることはわかりきっていたはずなのに、なぜ、そうできなかったのだろうか」といぶかるのではないか。

答えは「想像力の欠如」である。第三者として外から事案を見るとコンプライアンス対応を取るべきことはよくわかる。だが、いったん当事者本人となってしまうと、「非コンプライアンス対応」を取ったときのすさまじいダメージを想像できなくなる。パニック状態に陥ると人は想像力が凍りついてしまい、思わず非コンプライアンス対応を取ってしまう。

仮に、「スキャンダル不正融資事件」の銀行トップが、「非コンプライアンス対応を取れば、銀行には多大の特別損失が生じ、自分自身も多額の賠償を命じられ、有罪判決を受けることになる」と、未来の悲惨な状況をまざまざと想像することができたとすれば、絶対に非コンプライアンス対応を選ぶことはなかったはずだ。

(3) 対　策

非常事態が発生したとき、経営陣を始めリスク管理の担当者たちは、少しでも心を落ち着かせて、「非コンプライアンス対応」を取った場合に発生する種々のダメージ、待ち受けている運命を想像することが必要だ。

一つの工夫として、他社不祥事に関する報道記事をスクラップしておき、非常事態発生のときは、同種事案のファイルを選んで他社が苦悩した状況、社会の受止め方、報道のされ方などを生々しく感じ取ることが有効だ。

9 対策③——第三者の冷静な意見を聞く

(1) 監　査　役

前記のような努力をしたとしても、当事者本人である限り、非常事態の進む方向性を冷静に思い描くことは、やはり容易ではない。どうしても第三者の冷静な目が必要である。

監査役は第三者ではないが、危機対応の渦中にいて陣頭指揮をとっている経営トップよりは冷静な判断を行うことが期待できる。取締役の「被害最小化義務」の遂行状況を観察するという立場から、監査役が取締役の非常時対応を見守ってくれれば、取締役としても心強い。

緊急対策本部には監査役が同席することが望ましいと述べたが（本書211頁）、取締役の「コンプライアンス対応」を確保する意味でも望ましいことである。

(2) 弁護士

同じく弁護士が、取締役の非常時対応を「被害最小化義務」の遂行という法的観点から見守ることも有益である。

(3) コンサルタントなど

経験豊かなコンサルタント、広報コンサルタントなどの意見を求めることも有効である。日常から信頼できるコンサルタントとのネットワークを築いておくことが望ましい。

10 対策④——「悪魔のささやき」に耳を貸さない

(1) 「悪魔のささやき」とは

それでも、コンプライアンス対応に向けて舵を取ることは難しい。「家庭用機械メーカー脅迫事件」で、不当要求を受けた役員らは一睡もできず、不測の事態をおそれホテルに寝泊りしている。健康を害した者もいる。コンプライアンス対応をとることは口で言うのは簡単だが、実行するためには重大な決意を要する。

そうしたときに「もっと安易な道があるぞ」という「悪魔のささやき」が聞こえてくる。「何も無理して反社会的勢力と戦うことはない。妥協しろ」「多少の不都合には目をつぶっていればよい」。そうしたささやきは心のなかから聞こえてくることもあるし、実際に外部から聞こえてくることもある。

筆者自身、会社が「店舗運営に問題あり」としてある団体から街頭宣伝活動をかけられ、対応していたときに、名前に聞き覚えのない人物から電話があった。「街宣でお困りでしょう。私はその団体に顔が利きますから、穏便に解決できるようお力になりますよ」との申出であった。「お申出はありがたいのですが、何とか私たちだけの力でがんばります」と謝絶したが、渦中にある経営者自身ならば、ひょっとすると「地獄で仏」と力添えを頼んだかもしれないと思う。

(2) 対　策

「悪魔のささやき」に耳を貸さないための対策は、関係者全員にオープンにすることである。「こんな申出があった」と緊急対策本部などが非常事態に立ち向かっている仲間全員に開示するのだ。「断りましょう！」と、皆が力強く口を揃えて言ってくれるに違いない。

本節のチェックポイント

1	「非常時対応の、最高・最強の羅針盤はコンプライアンス対応」であることが、全役職員に徹底されている	□
2	非常時にコンプライアンス対応を実践することは容易ではない。重大な決意と工夫が必要であると全役職員に徹底されている	□
3	「真のコンプライアンス文化」が社内に根付いている	□
4	「非コンプライアンス対応」をしたときのダメージをありありと想像できる	□
5	監査役・弁護士・コンサルタントなどの「冷静な意見」を求めることができる態勢がある	□
6	「悪魔のささやき」に耳を貸さない姿勢を持っている	□

第5節 「非常時広報」で被害を最小化する

1 「非常時広報」と「伝える決意」

(1) 非常時広報の必要性

災害・事故・不祥事などの非常事態が発生したとき、企業は事態の進行状況を逐一世間に開示して、問題解決への見通しを広く知ってもらう必要がある。さもないと、必要な情報が世間に伝わらないばかりか、誤った噂や憶測に基づく報道が独り歩きし、会社の「信用」はどんどん失われていく。「非常時広報」は、企業の信用低下というダメージを最小化するために最も有効かつ強力な対策である。

平成24年6月、英国の銀行関係者が「ＬＩＢＯＲ」(ロンドン銀行間取引金利)を不正に調整していたことが発覚した。事件は「家計や企業に幅広い影響を与える」とされ(日本経済新聞平24・7・5朝刊)、世界への波及も憂慮される状況となった。この事態を受けて全国銀行協会は、同年7月19日に「ＴＩＢＯＲ」(東京銀行間取引金利)で過去に不正がなかったかどうかの調査を始めたことを発表し（朝日新聞平24・7・20朝刊）、同年8月17日には「不正はなかった」として調査結果をリリースした（朝日新聞平24・8・18朝刊）。「ＬＩＢＯＲ事件に似た現象がＴＩＢＯＲでもあるのではないか」という懸念を払拭するための迅速な対応であり、大きな意味で非常時広報の一つといえる。

⑵　「伝える決意」

非常事態に対して「非常時広報」を実行して被害を最小化することはダメージコントロールのなかでも中核を占める大切な作業である。そればかりではなく、取締役にとっては法的義務でもある。善管注意義務のなかでも「リスク管理義務」は最も重要な義務の一つであるが（損失の危険の管理、会社法施行規則１００条1項2号）、「被害最小化義務」もそのなかに含まれている（「魚市場循環取引事件」本書２０９頁）。仮に非常時広報のタイミングが遅れて、そのことにより被害が拡大した場合は、拡大した損害について取締役の会社に対する賠償責任が生じる。迅速な非常時広報は、企業人としての「あるべき道」というレベルを超えて「法的義務」なのだ。この点をまず認識しておくべきである。災害・事故・不祥事のいずれであろうと、企業はゆるぎない姿勢と決意を持って非常時広報を実践しなければならない。いわば「伝える決意」を持って対応することが必要なのである。

ところが、実際に非常事態が発生した場合、企業が「伝える決意」を持って一貫した開示姿勢を示すことはむしろ少ない。そのため、本来なら防ぐことができた企業損害が広がる結果となる事例が多い。

なぜ企業は「伝える決意」を示せないのか。過去の事例を分析してその原因を整理する。

2 「おのずと知れるだろう」と思い込んでいるケース

(1) あるリコール事件

「とくに広報活動などしなくても、自社のことはおのずと世間に知れるだろう」と企業側が思い込んでいる場合がある。

平成12年、米国で自動車の横転事故が相次いだことに関連してタイヤメーカーは650万本にのぼるタイヤリコールを開始した（「タイヤリコール事件」）。にもかかわらず現地ではリコール活動が不十分だという批判が巻き起こってしまう。そのことについて、タイヤメーカーの日本人社長はTVのインタビューで「誠実にリコールしているのに、どうしてわかってもらえないのかなあ」と残念そうに語っていた（平成13年3月4日放映NHKスペシャル「問われた危機管理〜650万本のタイヤリコール〜」）。社長の実直な人柄がにじみ出る痛切な言葉だ。

だが世の中は冷たい。企業がどんなに誠実にリコールを行っていようとも、そのことが新聞、TV、雑誌、インターネットなどで伝えられない限り、世間が知ることはない。「事実があるから報道があるのではない。報道があるから事実があるのだ」という、リスク管理担当者にとって心に刻むべき言葉がある（山本夏彦『何用あって月世界へ』86頁（文藝春秋））。リコール活動を世間が「知らない」ということは、リコール活動自体が、社会的な事実としては「ない」ということなのだ。

(2) 伝えなければ知られない

我が国は、「以心伝心」という言葉が象徴するように、取り立てて声を張り上げて伝えようとしなくても、おのずと相手にわかるという文化風土であった。

だが、価値観の分散化、グローバル化、ネット化で社会は劇的に変わりつつある。新しい社会では伝えるための必死の努力を行わない限り、何事も伝わらない。「あなたの会社は誠実に努力されているらしいですね」とわざわざ見に来てくれるほど世間は親切ではない。広報を通じて伝えなければ決して事実が事実として知られることはない。非常時広報の世界では「沈黙は金」ではないのだ。

欠陥品の回収であれ、流出名簿の回収であれ、被害者に対する謝罪・賠償であれ、企業が行っている解決への努力過程も、報じられることがなければ、社会的には「無」として扱われる。そのことを十分に銘記して非常時広報の活動を推進すべきだ。

3　必要性に気が回らないケース

(1)　復旧広報

企業がそもそも広報の必要性に全く思い至っていない場合がある。

復旧広報はその一つだ。東日本大震災では、ほとんどの企業が復旧作業を懸命に行ったが、そのなかで「本日から事業を再開しました」という復旧広報が必要だと気付いた会社は多くはなかったと思われる。「まだ部品会社の被害の全容もつかめない」という自動車メーカー幹部のコメントや（日本経済新聞平23・3・24朝刊）、「融資先と連絡が取れない」という銀行のコメント（毎日新聞平23・4・12朝刊）などがそのことを示している。

他方、復旧広報を実践した例もある。ある総合エレクトロニクスメーカーは震災から1カ月を経た4月14日、福島県の自社工場で従来の8ラインのうち6ラインが稼働を始めた状況を報道陣に公開し、残りの2ラインは他県の自社工場に移管すると説明している（朝日新聞平23・4・15朝刊）。平成7年の阪神・淡路大震災のときも、神戸支店について「営業再開のお知らせ」「これにより弊社全店にて、営業を再開させていただくこととなりました」（日本経済新聞平7・2・1朝刊）など、復旧を知らせる努力が行われていた。

銀行の場合は「やむを得ない理由による臨時休業」を行う場合も、「再開」する場合も公告することを義務付けられている（銀行法16条）。東日本大震災でも「営業店の営業再開に関する公告」として銀行の公告が行われている（日本経済新聞平23・5・26朝刊など）。

(2) 世間の立場から考える

被災時などパニック状態においては、全役職員の気持ちがすべて問題解決に向けられていて、非常時広報の必要性にまで気が回らないことが多い。無理もないことだ。だが「○○地域、一斉に被災」といった報道を受けて、取引先や世間一般の人々は、「部品会社の被害状況はどうなのか」「供給は大丈夫か」「あの店はいつ再開するのか」と心配でならないのだ。情報提供が遅れると「取引先変更」といった事態に発展しかねない。迅速な「復旧広報」が求められる。

方法は、取引先に対するDMの発送、一斉メールの送信、一斉電話、必要により新聞などに広告を掲載するといったことが考えられる。

4　企業と社会との感覚がずれているケース

(1)　発電所火災

企業人の感覚と世間一般との感覚がずれている場合がある。

新潟県中越沖地震が発生した平成19年7月16日、柏崎刈羽原子力発電所では地震の影響で変圧器が振動で傾き、ケーブルからの引火で、なかのオイルが燃焼して黒煙が上がる事態となった。鎮火までの間、黒煙が上がる映像がＴＶで放映され続けた。だが、発電所関係者はすぐには情報発信を行わなかった。関係者の目から見れば、原発からではなく、変圧器から黒煙が上がっているにすぎず、大きな問題ではないと判断したからだと思われる。しかし、見た目には、とにかく原子力発電所から黒煙が上がっているのだから、世間では大騒ぎとなった。欧州、南米、アフリカでは日本で「チェルノブイリみたいなことが起きている」「日本は隠している」と報道されたという（「発電所火災」朝日新聞平19・7・28朝刊）。

(2)　「世間への見え方」を判断基準とする

企業が非常事態に陥ったとき、最も大切なのは「いま、自社が世間にどう見えているか」ということである。世間から見て自社のどこかに不安要素があるように見えるか、見えるとすればその不安要素を取り除くためにはどのような非常時広報を行えばよいか。それが非常時広報実践の判断基準である。

5 「開示したくない」が先に立つケース

(1) 不祥事広報の難しさ

会社の非常事態について「開示したくない」という思いが先に立つケースもある。欠陥商品、情報漏洩、法令違反、社内不正など、「不祥事」の発生がその典型例だ。「事故」であっても、会社の責任が問われそうなケースでは、途端に企業の開示姿勢は鈍くなる。しかし、非常時広報で「伝える決意」が最も求められるのは、むしろこのケースである。

参考とすべき事例は枚挙に暇がない。

a アパレル・インサイダー事件

平成6年、アパレル会社では、子会社の事業失敗により子会社への融資30億円が焦げ付く可能性が高まり、子会社株式の評価損21億円が発生したとき、トップらは「特別損失の計上を見送る」との文書を作成、承認したという（日本経済新聞平9・4・9朝刊）。問題の開示を先送りにするということだ。その状況下でトップは株取引を行い、そのことが後にインサイダー取引として摘発され、世間の厳しい非難を浴びることとなった（「アパレル・インサイダー事件」）。損失の開示を先送りしたことが犯罪を招いたといえる。

b　自動車リコール隠し事件

平成12年7月21日、行政の立入検査で自動車メーカーがクレーム情報を隠していたことが発覚したが、続いて7月26日の記者会見では関係者の回答で、「リコール隠し」もあったことが明らかとなった（朝日新聞平12・7・27朝刊）。この件が刑事事件にまで発展し（道路運送車両法違反）、「リコール隠し事件」として、会社はすさまじい糾弾の嵐に見舞われることとなった（「自動車リコール隠し事件」）。

c　財務情報の不開示

平成20年7月、不動産会社は総額300億円の新株予約権付社債（転換社債）を金融機関に発行したと開示した。だが実際には大きな損失リスクを含む別の契約も同時に締結していたのに、そちらのほうは臨時報告書などでの開示は行わなかった。これだと世間には単純に300億円の資金調達が実現したとしか見えない。これに対して多くの株主から賠償請求の訴訟が提起され、裁判所も不開示が「虚偽記載」に当たるとして、元役員8名に対して計約3億3000万円の賠償を命じている（「不動産会社不開示事件」東京地判平24・6・22金融・商事判例1397号30頁）。

d　エレベーター事故

平成18年6月3日、都内で高校生がエレベーターに挟まれて亡くなる事故が起きた。世間の注目を集めたにもかかわらず、エレベーターメーカーは声明を発表しただけで記者会見は行わなかった。同年6月12日になって事故後初めて記者会見を行ったが、エレベーター事業最高責任者は、「すべての事実を確認することに重点を置きすぎたため、情報の開示が遅れてしまった」と釈明した上で謝罪することになった（「エレベーター事故」日本経済新聞平18・6・13朝刊）。

会見が遅れた背景には、情報開示の意思はあるものの、会見の必要性は強く感じていないという事情があったのではないか。こうしたとき、世間は企業責任者の生の姿勢を正面から見たいと望んでいる。

(2)「伝える決意」を持つべき理由

不祥事に関する情報開示は遅れがちだ。不祥事が発生したとき、企業人としての本能は「隠せ」と命じるからだ。そのこと自体は自然なことだ。誰も身内の恥を外部に発表したいとは思わない。しかし、非常事態発生時においては、そうした本能の呼びかけに負けることなく、「伝える決意」を持って、きっぱりとした開示姿勢を示さなければならない。理由は次のとおりである。

a 「隠蔽企業」のレッテルを貼られる

不祥事を開示しなかったり、開示を遅らせたりすると、後日、事実が明らかとなったとき、会社は確実に「隠蔽企業」のレッテルを貼られる。企業の公正さが強く求められる現代にあって、これは致命的なレッテルだ。不祥事を「1次被害」とすれば、不開示によるレピュテーション損害は「2次被害」である。2次被害の発生はなんとしても防がなければならない。

b 役員の法的責任が生じる

有価証券報告書提出会社の場合は、前記「不動産会社不開示事件」に見るように、不祥事情報の不開示は役員の法的責任を生じさせる。株主からの直接に賠償を求める訴訟や、会社に対する責任を追及する訴訟も予測される。また、金融商品取引法による虚偽報告罪に問われることも覚悟しなければならない。

さらに、前記「アパレル・インサイダー事件」のようにインサイダー事件をも巻き起こしかねない。「不祥事発生」の情報は、ほとんどの場合「株価を動かす情報」であり、これを開示しないままにしておくことはインサイダー犯罪の呼び水になり得る。

c 開示は公益に資する

不祥事の発生を世間に開示することは「公益」に資する。「欠陥商品事故」であれば、多くの消費者に警告を与え、健康・安全被害の発生、拡大を防止することにつながる。「個人情報漏洩事件」であれば、漏洩対象となった人々に、「詐欺商法」や「振り込め詐欺」などの攻撃が仕掛けられるリスクを伝えることになる。

経済広報センター「第16回　生活者の〝企業観〟に関するアンケート」によると、企業に望む事柄のなかで「不測の事態が起きたときの的確な対応」は55％が「非常に重要」と答えており、「安全・安心で優れた商品・サービス・技術を適切な価格で提供する」（81％）に次いで2位となっている（平成24年12月6～17日実施、有効回答1944人）。「適切な対応」に「非常時広報」が含まれているのは明らかである。

こうした世間の期待に応えることが企業の信用低下を食い止めることにつながる。

d　企業姿勢を伝えられる

不祥事はいずれ発覚する。不祥事が明らかとなったとき世間の関心は、その企業がどれほどの誠実さをもって事態収拾に当たるかに向けられる。企業が全身全霊をもって、CSRとコンプライアンスの精神に従って全力で事態収拾に当たり、その姿が逐次報じられていけば、むしろ世間の企業に対する評価は高まる。

6 非常時広報に必要な積極姿勢

非常時において企業は「できれば開示はしたくない」という心理的な抵抗を押し切って、「伝える決意」を固めた上で情報開示を行うべきである。さもないと、前項で述べたように、①誤報が独り歩きする、②「隠ぺい企業」のレッテルを貼られる、③役員に非開示の法的責任が生じるといった種々のマイナス要因が生じる。

ただし、非常時広報に臨むときは、「様々な不利益を被るらしいから、仕方ないので開示するか…」といった受け身の姿勢であってはならない。「伝えるべきもの」を明確に設定した上で積極的に伝えるスタンスを持つべきだ。

受け身なのか、伝えるのべきものを持った積極的なスタンスなのか、マスコミは敏感に感じ取る。マスコミが受け止めたところは、そのまま世間にダイレクトに伝わる。危機管理広報の専門家として知られる田中正博氏（田中危機管理広報事務所代表）は「ベテラン記者は、記者会見で企業トップが会場の入り口から入ってきてマイクの前まで歩いて行くまでの間に、企業の基本姿勢を見抜いてしまう」と語っている。

7 「伝える中身」はコンプライアンスとCSRの姿勢

では、非常時広報で伝えるべきもの、「伝える中身」とは何か。結論から先にいえば、伝えるべきは企業の「コンプライアンスとCSRの姿勢」である。非常時においては企業の本質が明らかになる。平時であれば「わが社はコンプライアンス態勢の強化に努めております」「わが社はCSR活動を推進しております」と宣言することは容易である。しかし、実際に非常事態が発生したときに日頃の言動を実践に移すことはきわめて難しい。平素は「消費者第一」をモットーとして掲げている企業が、欠陥商品の迅速な回収を実行することができず、記者会見で回収の遅れを指摘された挙句、「費用がかさむのでリコールに踏み切ることはできなかった」と認めるケースは少なくない。

世間は企業が平時に掲げている「コンプライアンス」「CSR」といったモットーが「きれいごとではないのか」と半ば疑いの目で見ている。我々の身の回りでも、普段は誠実で思いやりがありそうに見えた人が、いざ非常事態になったときに、人が変わったように身勝手な行動に出たという話は珍しくない。こうした行動を見たとき人々は、「あの人の本性がわかった」と感じ取る。「あの人とは二度と付き合いたくない」と思われるかもしれない。

それと同じことが企業についても言える。非常時に騒然とした状況のもとで対応していると、企業の素顔、本質、本性がむき出しになってしまう。そのことを世間は知り抜いている。だからこそ非常時における企業の対応を、目をこらして見守っている。このことを企業側は銘記しておかなければならない。思わず不適切な対応を行った結果、「あの企業の本質がわかった」「あの企業とは二度と付き合いたくない」と世間から見られたら、そこで企業生命は終わる。企業にとって「非常時」とは、日頃標榜している「コンプライアンスとCSRに対する姿勢」が本物なのかを社会によって試される正念場である。

8　消費者最優先の姿勢

(1)　四つのコンプライアンス

「コンプライアンスとCSRの姿勢」と言っただけでは漠然としている。非常時広報の羅針盤にはなりにくい。既に述べたように、「コンプライアンス」(Compliance) とは「相手の期待に応えること」という意味である（本書55頁）。企業にとって期待に応えるべき「相手」とは「消費者」「従業員」「地域社会」「株主」である。コンプライアンスとはこれら四者それぞれの期待に応えるという意味なのだ。四つのコンプライアンスがあることになる。「タイレノール事件」（解熱鎮痛剤に青酸カリを入れられた事件。本書212頁）を見事に乗り切ったジョンソン・エンド・ジョンソンは行動基準として「我が信条」（Our Credo）を掲げている。そこには「我が社は顧客、従業員、地域社会、株主に対して責任を負う」と明記されている（同社ホームページ）。まさに四つのコンプライアンスである。

(2) 最優先されるのは消費者コンプライアンス

非常時対応の場合、突き詰めると四つのコンプライアンスのどれを優先すべきかが問題になっていることが多い。「自己保身」から情報開示をしたくないという例は論外として、例えば前記の「費用がかさむのでリコールに踏み切ることはできなかった」という事例もその一つである。この例を分析すると、コスト削減という「株主の期待」と、安全・安心という「消費者の期待」と、そのどちらを優先するかという問題に集約される。情報開示の実践に際して企業がためらいを感じるのは、ほとんどがこのように四つのコンプライアンスのうち、どれかとどれかとがぶつかり合っている場合である。

そこで企業としてはこの四つのコンプライアンスについて平時から優先順位を決めておく必要がある。消費者以外の三つの順位については様々な議論はあり得るものの、「消費者コンプライアンス」が最優先されるべきことには異論がないはずだ。本来、企業とは消費者に対して優良な商品、サービスを提供するためのシステムだからだ。ちなみに、ジョンソン・エンド・ジョンソンの「我が信条」では「消費者→従業員→地域社会→株主」の優先順位であると明示している。

(3) CSRの核心も「消費者最優先」

他方、CSRとは、「レスポンス」(Response)が「応答」という意味であることからわかるように、「社会の期待に応えること」である(本書59頁)。企業に対する「社会の期待」は、消費者保護、従業員保護、地域社会の尊重、環境保全、株主重視など多岐にわたる。だが、消費者保護が最優先されることはコンプライアンスと同様である。

とすれば、非常時において企業が社会に示すべき「コンプライアンスとCSRの姿勢」とは、究極的には「消費者を最優先する姿勢」にほかならない。それが「伝える中身」である。

非常事態が発生したとき企業は、消費者の利益と他の三者の利益とがどのように重なり合っているかを分析し、その上で消費者最優先の姿勢を固めることが求められる。

(4) 「取引先」は社会からどう見られるか

企業人として注意しなければならないのは、社会から見た場合、企業の「取引先に対する配慮」は理解され難いということだ。消費者から見れば、企業がどのような取引先と取引しているかは関係のないことだ。要するに「安全・安心の商品、サービスが提供されているか」だけが問題なのだ。その面から見れば、自社も取引先も、まとめて「企業側」としてしか認識されない（本書180頁の【図表15】参照）。例えば顧客情報が漏洩したとき、「システム更新のため顧客情報を預けていた『委託先』から漏洩したのであって、当社から漏洩したのではありません」と言うのは、全く言い訳にはならない。

9 実例に見る「伝える中身」

(1) 「消費者」と「株主」

「Lトリプトファン事件」はLトリプトファンという必須アミノ酸が含まれる健康食品を摂取した消費者に血行障害などが発症した事件である（Lトリプトファン事件）。

既に被害が出ていたにもかかわらず、メーカーは平成2年4月27日に当時の厚生省から自主回収の指示が出るまでは、なかなか回収に踏み切れなかった。その点についてメーカーは記者会見で「病気は原因が未解明で、当社の製品が原因であるとはっきりしたわけではない」「病理学的な解明が進んでいない」と説明している（朝日新聞平2・4・27夕刊、朝日新聞平2・4・28朝刊）。

このコメントが意味するところは、「病理学的な解明が進んで、製品が病気の原因であると解明されれば、回収を行い、法的責任についても検討する」という意味だ。因果関係が科学的に証明されない限り、回収や法的責任を前提とした検討は行わないということである。

法的に見て理由の通らないコストは負担しない姿勢を貫くことで「株主の利益」を守ろうとしたといえる。

だが、消費者の立場からすれば、病理学的な解明がなされようとなされまいと、Lトリプトファン関連製品を摂取した人のなかから発症者が出ている以上は、販売を中止して回収してほしいところだ。であるのに「解明されない限り回収しない」という姿勢をとったことで、会社は消費者保護よりも株主保護を優先した企業であるとみなされてしまうことになる。もちろん、世間はコメントを聞いて瞬時にこうした分析を行って企業批判をするわけではないが、聞いた瞬間に「要するに消費者最優先とは考えていない企業だ」と直感的に感じ取ってしまうことは避けられない。

(2) 「消費者」と「取引先」

「自動車リコール隠し事件」(平成12年7月発覚) では、メーカーがクレーム情報を行政に届け出なかった点が問題とされた。その点について会社側は記者会見で「クレームの原因が特定できないままに開示すれば、部品メーカーを倒産に追い込むおそれもある」と説明している (日経産業新聞平12・7・27)。

このコメントは、メーカーとして「消費者最優先は当然のことだが、日常的に世話になっている取引先に迷惑をかけることは避けたい」という思いがあり、それが非常時のパニック状態で思わず口を衝いて出たということであろう。だがこの一言で世間はメーカーが「消費者の安全」と部品メーカーなど「取引先の存続」とを比べた場合、取引先の存続を優先する企業だと受け止めてしまったのではないか。記者側から「消費者よりも身内を大事にするのか」と非難の声があがったとの報道がそのことを裏付けている（日経産業新聞平12・7・25）。

(3)「地域社会」と「取引先」

「工場爆発事故」（平成7年8月発生）が起きたとき、メーカーのコメントとして、「1、2カ月で操業再開できる」、在庫が会社に2週間分、流通段階が1〜3カ月分あることから、「供給力に問題はない」との言葉だけが報じられている（読売新聞平7・8・1朝刊）。おそらく取材の際は周辺の住民に対して迷惑をかけたことに対する謝罪の言葉も述べられたはずだが、報じられていない。このままだと世間は「地域社会」と「取引先」とを比べたとき、取引先への供給責任を重んじる姿勢をもった会社なのだと受け止めてしまう。非常時広報を効果的に進めるためには、地域社会に対する配慮のコメントがきちんと報じられるように努力すべきだ。

10 「伝える技術」の大切さ

(1) マスコミに「聞く姿勢」を持ってもらう

a マスコミの重要性

非常時において企業がいかに伝える「決意」を持ち、伝える「中身」を整えたとしても、その「中身」はひとりでに社会に伝わっていくわけではない。企業側が、新聞・TV・雑誌などマスコミに中身を伝え、これを受けたマスコミがその内容を社会に伝えたとき初めて世間に伝わる。マスコミは企業と社会をつなぐ「媒体」として広報活動上きわめて重要な存在である。

したがって、非常時広報を実効的に進めるためには、企業はまずは「中身」を媒体であるマスコミに的確に伝えなければならない。

b 「聞く姿勢」を持ってもらうことの難しさ

ところが、企業側が伝えたい「中身」を示そうとしても、肝心のマスコミ側が「聞く姿勢」を持ってくれないことが少なくない。非常事態、とくに不祥事の場合においては、マスコミは「事件」を社会に伝えることに関心は持っているが、企業が伝えたい「中身」などには関心がないからだ。それどころか、企業側が「コンプライアンスとCSRの姿勢」（本書265頁）について伝えようとすると、「企業のＰＲを手伝うつもりはない」とばかり、反感さえ持たれることがある。そうした状態では被害最小化のための広報など望むべくもない。

では、マスコミに反感を持たれず、聞く姿勢を持ってもらうためにはどうしたらよいか。

(2) 「誠実さ」と「伝える技術」

マスコミに「聞く姿勢」を持ってもらうために最も大切なのは、伝える企業側の「誠実さ」である。非常事態を重く受け止め、事実を公表し、再発防止に向けて懸命に努力する、その姿勢を通じて企業の「誠実さ」を示すことが何より求められる。

ただし、「誠実さ」さえあれば聞く姿勢を持ってもらえるかというと、そう甘くはない。企業が非常事態に真剣に取り組んでいる誠実さを的確に伝えるためには、例えば「記者会見の場所はどこがよいか」「どのくらいの広さがよいか」といった非常時広報に特有のいくつかの技術的な留意点がある。伝える「中身」を持っていても「伝える技術」が伴っていなければマスコミに聞く姿勢を持ってもらえず、結局、中身は伝わらない。こうした事態は、日常生活でエチケットを身に着けていない人が「根はいい人だが、作法がなっていないね」とマイナス評価されるのに似ている。「人」を「企業」に、「作法」を「技術」に置き換えれば、「伝える技術」の必要性をご理解いただけると思う。

そこで、以下、非常時広報における「伝える技術」を要点ごとに整理する。

11 「すぐさま第一報」の原則

(1) 世間の期待

第一は、「すぐさま第一報」の原則である。非常事態が勃発したとき企業は、間髪を入れず、すぐさま「第一報」を社会に公表することを心掛けるべきだ。世間は「いま現在その企業では何が起きて、どうなっているのか」を一刻も早く知りたい。経済広報センターが毎年実施している「生活者の〝企業観〟に関するアンケート」の平成24年の結果（本書42、43頁）によると、企業の果たす役割や責任について重要と市民が認識していることの第1位は「安全・安心・優れた商品・サービス・技術を適切な価格で提供する」ことである（平成24年12月6日～17日実施、有効回答1944人）。企業とは人々に対して優良な商品、サービスを提供するためのシステムである以上、当然のことだ。

だが、続く第2位は「不測の事態が発生した際に的確な対応を取る」こととなっている。この「的確な対応」は平成20年までは「不測事態における的確な情報発信」と題されていた項目であり、非常事態における「情報発信」に製品回収などの「被害拡大防止措置」を加えたものと考えられる。とすれば、非常事態における情報発信は、市民が企業に対して最も望むことの一つだといってよい。

(2) マスコミの期待

マスコミも「すぐさま第一報」を期待している。企業が非常事態に見舞われたとき、マスコミは「いま現在の状況」を一刻も早く社会に伝える使命を帯びている。記者はデスクから「他社に抜かれるな。すぐに現状を伝えろ」と命じられている。その点を理解すれば、事態発生時から時間を置きすぎた情報開示がマスコミにどう受け止められるか、容易に想像できる。「聞く姿勢」を持ってもらえないことは明らかだ。

(3) 第一報で何を伝えるか

第一報で伝えるべきは「いま現在の状況」である。「事故が発生した」「詳細は調査中」「危機対策本部を設置している」だけでよいのだ。第一報の段階で、事態の全容、事態の原因などが期待されているわけではない。全容把握、原因究明などに時間がかかることは世間もマスコミもわかっている。「調査中」と企業側に言ってもらえば、マスコミは「同社は事態を調査中としている」と記事にできる。第一報としてはこれで十分であり、「すぐさま第一報」の目的は達成される。

化学メーカーの支社工場で平成14年3月12日午後5時15分に火災が発生したケースでは、消防署への通報後、午後5時50分には社長に報告がなされ、「メモ程度の内容でも何でもいいから、すべての情報を外部に出そう」という判断のもとに午後8時には支社長が出席して記者会見が行われている。火災発生から2時間45分後だ。記者会見に持参した資料は「事故の簡単な内容を記した資料だけ」であったという。こうした対応は「情報開示、速さで勝負」としてマスコミから好意的に受け止められた（日経産業新聞平15・4・1）。

(4) 「全容を把握してから」の落とし穴

ところが、実際のところ「すぐさま第一報」は難しい。なぜか。マスコミから逃げ回りたいというケースは別として、多くの場合、「全容を把握してから」「原因もわからないのに記者会見するなんて、かえって無責任ではないか」という考え方があるからだ。平成15年11月5日午前5時10分頃、スーパーの生ごみ処理施設が突然、爆発する事故が起きた。同社のトップは11月10日になって記者会見を行ったが、すぐに会見を開かなかったことについて「原因の究明を待つつもりだった」と回答している（日本経済新聞平15・11・11朝刊）。

こうした事例はきわめて多い。伝える側として「全容を把握してから」と思うのは自然であるし、主観的には「それが誠実さだ」と思うかもしれない。

しかし世間が求めているのは「全容」ではなく「いま何が」なのである。その擦れ違いが企業側とマスコミ側との不協和音を生む。それでは「聞く姿勢」を持ってもらうことは難しい。実際、スーパーの事例でも「10日、事故後初めて記者会見した社長は…」という表現が用いられている（日経産業新聞平15・11・11）。ソフトにではあるが、この表現のなかに批判の意味が込められている。

(5) 注意点

ただし、迅速を尊ぶからといって判明していないことを判明したかのごとく表現することは絶対に避けるべきだ。「火災の原因はまだ全くわからないのですか」と質問され、作業員のミスが疑われるもののまだ判明していない段階なのに、思わず「作業員のミスと思われます」と回答してしまう例である。「思われます」と付け足したとしても、新聞には「原因は作業ミス」と報じられる。記者会見の席上、記者からどれほど「原因の見当もつかないのですか」となじられようと、「調査中です」と言い切る勇気を持つことが必要だ。

12　非常時広報の3要素「謝罪・原因究明・再発防止」

(1)　非常時広報の3要素

非常時広報では、①謝罪、②原因究明、③再発防止の3点を世間に伝える必要がある。「非常時広報の3要素」である。「原因究明」「再発防止」については、たとえ第一報の段階でも、「今後、全力で原因を究明し、原因が特定でき次第、再発防止に取り組む所存です」と、企業姿勢を明らかにしておくべきだ。

(2)　謝　罪

a　謝罪の効果

非常時広報では「謝罪」は重要な位置を占める。とくに事故・不祥事の場合、「謝罪」は不可欠である。自分に関することで何かトラブルが生じたとき、最初に率直な謝罪を受けると怒りが和らぐことは、我々自身、日常感覚で何となく理解し得る。こうした実感に沿う報告もある。

科学技術振興機構（ＪＳＴ）と名古屋大学とのチームが、被験者たちに同様の侮辱的な文章を見せて、「謝罪コメント」を付けたグループと付けなかったグループとに分け、それぞれの脳波、心拍数、手の平の汗などを調べた。そうしたところ、謝罪コメントを付けたグループでは攻撃性は変わらなかったが、謝罪コメントを付けなかったグループでは攻撃性が高まったという（朝日新聞平24・3・24朝刊）。

b　謝罪と法的責任

率直に謝罪したからといって、そのことにより法的責任が生じるわけではない。この点については平成18年6月に起きた「エレベーター事故」に関する海外メーカー会長の、「日本社会ではそのような場合、法的責任の有無にかかわらず、その視点を超えて、社会的責任の観点から謝るべきところは謝らなければならなかったのです」「米国では『申し訳ない』と言っただけで、罪を認めたことになる。裁判でも証拠として扱われます。しかし、日本の文化はそれと全く異なっていました」という言葉（「〈敗軍の将、兵を語る〉日本ではまず謝るべきだった」日経ビジネス平成20年8月25日号）を貴重な参考とすべきである。その米国でもカリフォルニア州では「アイム・ソーリー法」といって交通事故の現場で謝ったとしてもその謝罪の言葉を非を認めた証拠とはしないことを規定した法律が施行され、他州にも広まっているという（朝日新聞平13・5・12夕刊）。

c　謝罪は率直に

謝罪するときは「当社製品をめぐって世間をお騒がせし、申し訳ございません」というように率直、かつ単純に謝るべきだ。「関係者が不快な思いをされたというのであれば、お詫び申し上げます」というように条件を付けたり「この点に関してはお詫び申し上げます」というように限定を付けたりすることは避けるべきである。

「お詫び申し上げたいと思います」という言葉も、厳密に言えば思っているだけで詫びてはいないことになる。とくに企業トップは平素、人に頭を下げたことがないので注意が必要だ。また記者会見場にいる記者たちの平均年齢が若く、非常時広報という状況もあり厳しい質問が相次ぐと、トップは思わず昂然とした態度になりやすい。若い記者たちの背後には「社会」「世間」があることを常に心にとどめる必要がある。

(3) 「原因究明」と「再発防止」

a　原因究明と再発防止との関係

原因究明と再発防止とは表裏一体の関係にある。「不正支出」の原因が裏付監査の不十分にあったとしたら、裏付監査強化を中心に監査活動を強化して再発を防止する。「工場事故」の原因がマニュアルの不備にあったと判明したら、マニュアルを整備して再発を防止する。「カルテル参加」の原因はコンプライアンス意識が希薄なこと、利益至上主義の人事考課にあると解明されたら、コンプライアンス研修の強化やバランスを重視した人事考課に切り替えて再発を防止する。このように「原因究明」と「再発防止」とはお互いに密接で切り離せないものである。

したがって、第一報など非常時広報の初期段階で、原因が判明していない段階では「原因が解明され次第、再発防止に取り組む」としか言えないはずだ。ところが、実際は原因究明については口が重くなるものの、再発防止については積極的にコメントするケースが多い。原因は会社や幹部の法的責任問題と関連し、再発防止は関連しないという思いがそうさせるものと思われる。しかし、原因も解明されていないのに再発防止策を論じるのは、それ自体が空疎に聞こえる。それでは「聞く姿勢」を持ってもらうことは難しい。

b　「平明広報」の原則

原因の解明状況を発表する際は、マスコミが社会、世間を代表していることを忘れずに、平明な説明を心掛ける必要がある。そのためには、専門用語はなるべく避ける、専門用語を使わざるを得ないときは解説資料を付ける、目で見てわかりやすいように図表・模型、サンプルなどを活用する、結論から話すなどの工夫をすべきだ。

c　「逐次広報」の原則

非常事態が発生したことの原因は複数あり得る。また、大小様々なものが重なっている。軽重含めてすべての原因が克明に明らかになってから再発防止策を発表するという姿勢だと、マスコミ側、社会の側からすれば「企業は何もしていないのか」と見られることになる。したがって、大小、軽重を問わず、原因が解明されるごとに個別的な原因を公表し、その個別原因への取組み、再発防止策を発表していくことが望ましい。これを「逐次広報の原則」と呼ぶ。

13 原因究明と被害拡大防止

これとは別個に、たとえ原因が究明されなくとも、被害拡大防止策を取るべき場合がある。特定の食品を食べた人に健康被害が生じており、その食品を食べていない人には健康被害は生じていないという事例である。特定の食品と健康被害との関連性は明らかだが、その食品の成分の何が悪くて、なぜ健康被害が起きているか、科学的に説明できないという状態である。このようなときは現象としての関連性がある以上は、科学的な解明はなされていなくても食品を回収することが被害拡大防止に結び付く。平成元年にLトリプトファンを使用した健康食品で健康被害が発生したケースではメーカーは科学的な因果関係が解明されていない段階で製品の回収を行った（「Lトリプトファン事件」本書269頁）。こうした企業姿勢を社会に伝えるのも非常時広報の役割である。

14 「独占取材」への対応

「独占取材」の申込みについては、応じるか、それとも共同記者会見とするか、慎重な配慮が必要である。申し込んできた記者が特ダネを持っていて「独占スクープ」を狙っている場合、共同記者会見にしてしまうとスクープを妨げることになる。となると、その後「聞く姿勢」を持ってもらうことが困難となる。他方、安易に独占取材に応じると他の媒体の反感を買うことになる。そうしたメリット、デメリットを考えなければならない。筆者はある金融機関で大型の不正経理問題が発覚し調査進行中に独占取材を求められたことがある。調査しているこちらが驚くほど克明な下調べがあり、資料も相当程度に整っていた。このケースでは独占取材に応じることにした。

15 記者会見

共同で記者等、インタビューを受けるのが「記者会見」である。記者会見の開催については、時刻、場所、広さ、設備などについて考える必要がある。その判断に際しては、社会に対して伝えたい「中身」を「聞く姿勢」を持って媒体各社に聞いてもらうためにはどうしたらよいかが最大の判断基準となる。朝刊、夕刊に間に合う時刻か、来やすい場所か、ゆったりと座れるスペースがあるか、メモを取りやすい机はあるか、各社のカメラマンが無理なく撮影できる余裕はあるかといった視点で考えていけば「聞く姿勢」につながる。

16 ホームページでの公表

非常時広報で忘れてならないのは、ホームページでの公表である。マスコミは必ずホームページをチェックしている。また非常時においては世間も強い関心を持って見ている。会見など公表後直ちに、また、必要に応じて逐次ホームページの記載を新しくしていくことが求められる。筆者が担当した案件でホームページへの記載が遅れたところ、消費者から「新聞に載っていることがホームページに書いてないではないか」と叱責の電話を受けたことがある。

✔ 本節のチェックポイント

1	「非常時広報」の実践は法的義務であることが社内で理解されている	□
2	「広報しなくてもおのずと知れるはず」との思込みはない	□
3	パニック状態でも「復旧広報」の必要性を忘れない体制になっている	□
4	非常時広報の必要性、内容について世間の立場から考えている	□
5	不祥事においても、ゆるぎなく「伝える決意」を持っている	□
6	不祥事の非開示は役員の法的責任を生じさせることが理解されている	□
7	「非常時広報」は受身ではなく、伝えるべきものを持って積極的に行うべきものであるとの認識が、社内にある	□
8	非常時広報で「伝える中身」とは企業の「コンプライアンス、CSRに対する姿勢」であると理解されている	□
9	コンプライアンス・CSRにおいては消費者が最優先されるべきだとの認識がある	□
10	非常事態が発生した場合、消費者と従業員、地域社会、株主の利害が重なっていないかを分析した上で消費者最優先の「企業姿勢」を固めるべきことが理解されている	□
11	「非常時広報」ではマスコミに「聞く姿勢」を持ってもらうことが最重要課題であるとの認識が社内にある	□

12	「聞く姿勢」を持ってもらうために最も重要なことは企業としての「誠実さ」を持つことであると社内で認識されている	□
13	非常時広報では、事態発生後、迅速に「すぐさま第１報」を公表することが強く求められていると社内で認識されている	□
14	非常時広報の３要素は「謝罪」「原因究明」「再発防止」であると社内で認識されている	□
15	「原因究明」と「再発防止」とは表裏一体であり、原因究明なき再発防止策は空疎であると理解されている	□
16	原因究明が進まなくても、事故と製品との間に統計的な関連性があるときは、回収など被害拡大防止の措置を取るべき場合があると認識されている	□
17	原因究明が進むごとに公表する「逐次広報」の原則が社内で徹底されている	□
18	「独占取材」の申入れに対して考慮すべきポイントは整理されている	□
19	記者会見開催にあたって、時刻、場所、広さなど考慮する際の判断基準は理解されている	□
20	ホームページでの公表を適宜行うことの重要性が社内で認識されている	□

[は行]

[ま行]

[や行]

[ら行]

[さ行]

[た行]

[な行]

■ 事件索引 ■

[あ行]

[か行]

最強のリスク管理

平成25年７月25日　第１刷発行
平成26年３月４日　第２刷発行
平成27年６月８日　第３刷発行

著　者　中　島　　茂
発行者　小　田　　徹
印刷所　三松堂印刷株式会社

〒160-8520　東京都新宿区南元町19
発　行　所　**一般社団法人 金融財政事情研究会**
編 集 部　TEL03(3355)1721　FAX03(3355)3763
販　　売　**株式会社 き ん ざ い**
販売受付　TEL03(3358)2891　FAX03(3358)0037
URL http://www.kinzai.jp/

ISBN978-4-322-12354-8